Lean-Informationstechnik im
Finanzdienstleistungssektor

Lizenz zum Wissen.

Sichern Sie sich umfassendes Wirtschaftswissen mit Sofortzugriff auf tausende Fachbücher und Fachzeitschriften aus den Bereichen: Management, Finance & Controlling, Business IT, Marketing, Public Relations, Vertrieb und Banking.

Exklusiv für Leser von Springer-Fachbüchern: Testen Sie Springer für Professionals 30 Tage unverbindlich. Nutzen Sie dazu im Bestellverlauf Ihren persönlichen Aktionscode C0005407 auf www.springerprofessional.de/buchkunden/

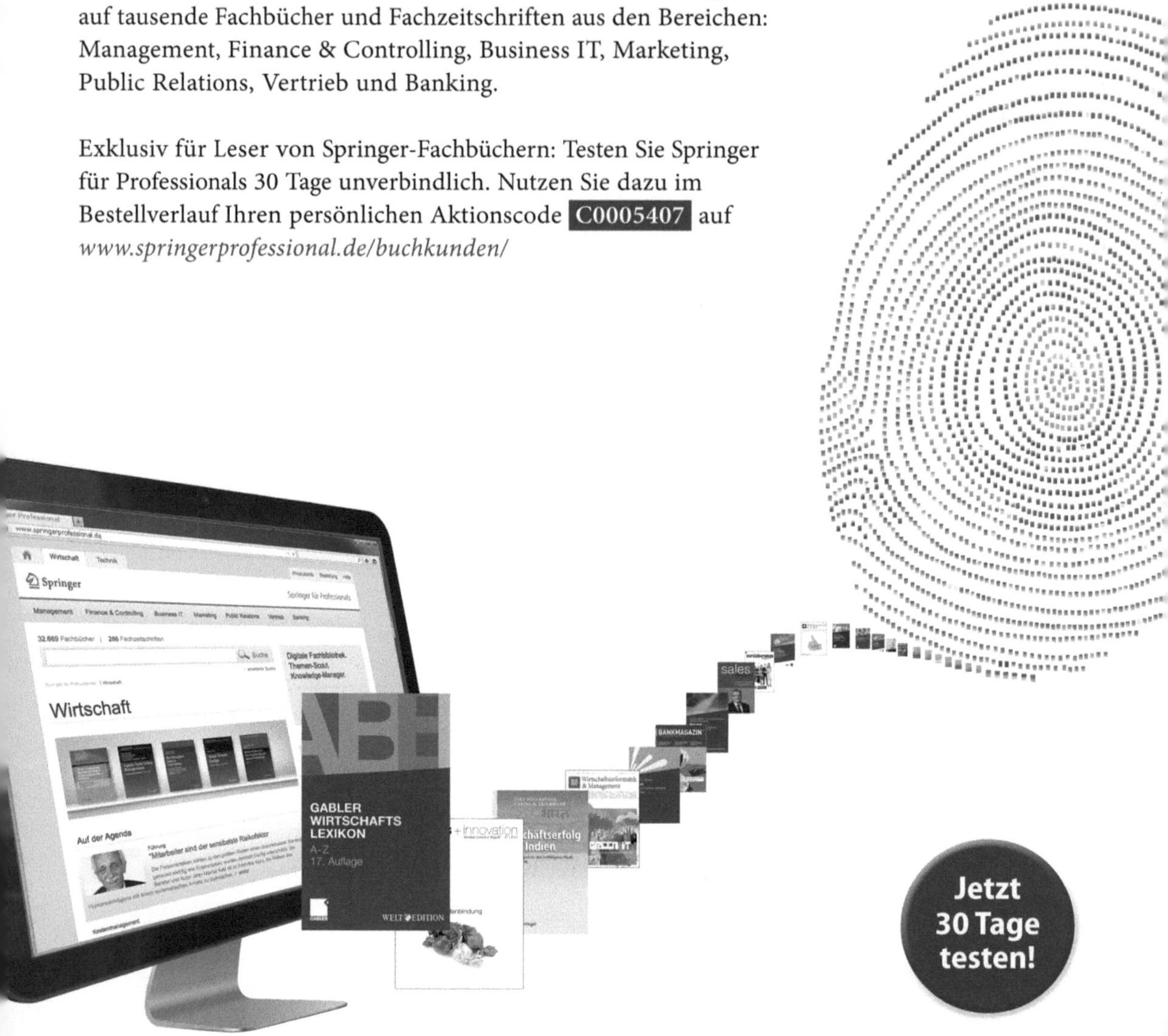

Jetzt 30 Tage testen!

Springer für Professionals.
Digitale Fachbibliothek. Themen-Scout. Knowledge-Manager.

- Zugriff auf tausende von Fachbüchern und Fachzeitschriften
- Selektion, Komprimierung und Verknüpfung relevanter Themen durch Fachredaktionen
- Tools zur persönlichen Wissensorganisation und Vernetzung

www.entschieden-intelligenter.de

Springer für Professionals

Daniel Schäfer

Lean-Informationstechnik im Finanzdienstleistungssektor

Wege zu Prozess- und Kostenoptimierung mit ITIL & Lean

Daniel Schäfer
Hamburg
Deutschland

ISBN 978-3-658-06988-9   ISBN 978-3-658-06989-6 (eBook)
DOI 10.1007/978-3-658-06989-6

Die Deutsche Nationalbibliothek verzeichnet diese Publikation in der Deutschen Nationalbibliografie; detaillierte bibliografische Daten sind im Internet über http://dnb.d-nb.de abrufbar.

Springer Gabler
© Springer Fachmedien Wiesbaden 2015
Das Werk einschließlich aller seiner Teile ist urheberrechtlich geschützt. Jede Verwertung, die nicht ausdrücklich vom Urheberrechtsgesetz zugelassen ist, bedarf der vorherigen Zustimmung des Verlags. Das gilt insbesondere für Vervielfältigungen, Bearbeitungen, Übersetzungen, Mikroverfilmungen und die Einspeicherung und Verarbeitung in elektronischen Systemen.
Die Wiedergabe von Gebrauchsnamen, Handelsnamen, Warenbezeichnungen usw. in diesem Werk berechtigt auch ohne besondere Kennzeichnung nicht zu der Annahme, dass solche Namen im Sinne der Warenzeichen- und Markenschutz-Gesetzgebung als frei zu betrachten wären und daher von jedermann benutzt werden dürften. Der Verlag, die Autoren und die Herausgeber gehen davon aus, dass die Angaben und Informationen in diesem Werk zum Zeitpunkt der Veröffentlichung vollständig und korrekt sind. Weder der Verlag noch die Autoren oder die Herausgeber übernehmen, ausdrücklich oder implizit, Gewähr für den Inhalt des Werkes, etwaige Fehler oder Äußerungen.

Gedruckt auf säurefreiem und chlorfrei gebleichtem Papier

Springer Fachmedien Wiesbaden ist Teil der Fachverlagsgruppe Springer Science+Business Media
(www.springer.com)

Vorwort

Die Bedeutung der IT unterliegt seit ihren Anfängen einem stetigen Wandel. Der Wunsch nach neuester Technik ist der Notwendigkeit zur Kostensenkung gewichen. Eine Möglichkeit zur Kostensenkung ist die Steigerung der Effizienz. Dazu dienen Management-Frameworks wie ITIL. Im produzierenden Gewerbe findet man zur Effizienzsteigerung das Lean-Management. Ziel dieser Arbeit ist es, Schwächen in ITIL zu analysieren und für diese Lösungsansätze aus Lean zu finden.

Der derzeitige De-facto-Standard der IT-Management-Frameworks ITIL teilt den Lebenszyklus eines Prozesses in vier Service-Bereiche auf. In ihnen wird der gesamte Kreislauf von der Entwicklung bis zur Inbetriebnahme und Aufrechterhaltung eines Prozesses beschrieben. Zusätzlich enthält ITIL einen kontinuierlichen Verbesserungsprozess, der Änderungen der Rahmenbedingungen erkennen und eine Anpassung des Prozesses veranlassen soll. Die Zielsetzung von Lean ist eine Verschlankung von Produktionsprozessen. Die Grundlage von Lean ist die konsequente Vermeidung von Verschwendung. Zur Identifizierung von Verschwendung dienen einerseits nachhaltige Lösungen, die im Zweifel auch einen Stillstand der Produktion bedeuten können, andererseits die Mithilfe der Arbeiter. Eine Weiterentwicklung von Lean für den Finanzsektor existiert bisher nur in theoretischen Ansätzen oder im Kontext von Fallstudien.

Im nächsten Schritt dieser Arbeit werden jetzt mittels Balanced Scorecard die Ziele für den Finanzdienstleistungssektor ermittelt. Diese lauten für die vier Perspektiven der BSC: Kostensenkung, Business-Enabler, Effizienz sowie proaktiv & zukunftsorientiert. Diese Ziele sind mit ITIL grundsätzlich zu erreichen. Sie werden im Anschluss mittels SWOT-Analyse auf Schwächen untersucht. Wenn man die erkannten Schwächen genauer betrachtet, so kristallisieren sich die drei Hauptschwierigkeiten „Akzeptanz", „Verschwendung" und „Verbesserung" heraus. Für diese liefert Lean gute Lösungsansätze. Das Problem der Akzeptanz kann mit der Sicherstellung der unbedingten Unterstützung des Managements gelöst werden. Die von Lean beschriebenen Verschwendungsarten der Produktion können auf die IT übersetzt und dann gezielt vermieden werden. Für die dritte Schwierigkeit, der Verbesserung kann die Einführung eines betrieblichen Vorschlagswesens herangezogen werden. Es zeigt sich also, dass die Lean-Philosophie durchaus zur Verbesserung von ITIL geeignet ist.

Inhaltsverzeichnis

1	**Einleitung**	1
	1.1 Die Idee der „LEAN IT"	1
	1.2 Zielsetzung und zentrale Fragestellung	2
	1.3 Zum Vergleich verwendete theoretische Methoden	3
	Literatur	4
2	**Die IT der Finanzdienstleister**	5
	2.1 Bedeutung und Herausforderungen der Informationstechnologie im Allgemeinen	5
	2.2 Regulative Besonderheiten bei Finanzdienstleistern	13
	Literatur	16
3	**Referenzmodelle des IT-Management**	19
	3.1 Abstract des Kapitels „Referenzmodelle des IT-Managements" ...	19
	3.2 CMMI, CObIT und ISO 20000	20
	3.3 ITIL	26
	Literatur	33
4	**Lean und das Toyota Produktionssystem**	35
	4.1 Abstract des Kapitels „Lean und das Toyota Produktionssystem" .	35
	4.2 Entstehung und Bedeutung für die Automobilbranche	36
	4.3 Kernideen von Lean	39
	4.3.1 Verschwendung durch Überproduktion	41
	4.3.2 Verschwendung durch überflüssige Bewegungen	42
	4.3.3 Verschwendung durch Wartezeiten	44
	4.3.4 Verschwendung durch Transporte	45
	4.3.5 Verschwendung durch Überbearbeitung	46
	4.3.6 Verschwendung durch hohe Materialstände	47
	4.3.7 Verschwendung durch Nacharbeit oder Ausschuss	48
	4.3.8 Kontinuierliche Verbesserung	52
	4.3.9 Kulturänderung	53

		4.4	Weiterentwicklung und Potenziale der Philosophie von Lean für die Herausforderungen der IT im Finanzdienstleistungssektor	54

        4.4   Weiterentwicklung und Potenziale der Philosophie von Lean für die
               Herausforderungen der IT im Finanzdienstleistungssektor 54
       Literatur 60

5 Lean IT 63
       5.1   Abstract des Kapitels „Lean IT" 63
       5.2   Operationalisierung mittels Balanced Scorecard 64
       5.3   Gegenüberstellung und Abgrenzung anhand des
             ITIL Servicelebenszyklus 67
       5.4   Identifizierung des Anpassungsbedarfs mittels SWOT 70
       5.5   Verschmelzung der Modelle 74
       Literatur 81

6 Fazit 83

7 Zusammenfassung 85

8 Anhang: Exkurs zur möglichen Umstellung der Prozesse in der Organisationsabteilung nach ITILv3 87
       8.1   Ausgangssituation 87
       8.2   Zielszenario 88
             8.2.1   Etablierung eines zentralen Change-Managers 89
             8.2.2   Etablierung eines zentralen ServiceDesk 89
             8.2.3   Fazit 92

Sachverzeichnis 93

Der Autor

Geboren 1978 in Offenbach und aufgewachsen in Limburg an der Lahn. Ausbildung zum Bankkaufmann in Mainz und anschließend nebenberufliches Studium zum Wirtschaftsinformatik-Betriebswirt an der VWA Mainz. Fünf Jahre später erneutes nebenberufliches Studium zum MBA mit der Fachrichtung Performance Management an der Leuphana Universität Lüneburg.

In seinen beruflichen Stationen stellte er nach seiner Ausbildung die technische Unterstützung des Außendienstes einer Bausparkasse sicher, unterstützte anschließend als Consultant und Systementwickler im Projekt einer großen Landesbank und übernahm danach die Verantwortung für den Rechenzentrumsbetrieb einer Investitions- und Förderbank. Heute leitet er den Bereich der Anwendungsbetreuung an der Investitionsbank Schleswig-Holstein in Kiel und trägt die Budgetverantwortung für seinen Bereich.

Daniel Schäfer ist zertifizierter PRINCE2-Practitioneer und derzeit in der Qualifizierung zum ITIL-Expert.

Durch seine berufliche Tätigkeit war Daniel Schäfer bereits früh mit den ITIL-Ansätzen konfrontiert. Während die Ideen von ITIL zwar oft auf große Zustimmung stießen, war das Framework dennoch als zu bürokratisch und aufwändig verschrien. Der Kontakt zu Wirtschaftsingenieuren im Kontext seines MBA-Studiums eröffnete Herrn Schäfer die LEAN-Welt, sowie deren gelebte Anwendung und gab damit letztlich den Anstoß zu diesem Fachbuch.

Abkürzungsverzeichnis

BaFin	Bundesaufsichtsbehörde für Finanzdienstleistungen
BSC	Balanced Scorecard
bzw	beziehungsweise
CIO	Central information officer
CMMI	Capability Maturity Model Integration
CObIT	Control Objectives for Information and Related Technology
CSI	Continual Service Improvement
etc	et cetera
FLOPS	Floating point operations per second
FRUG	Finanzmarktrichtlinie-Umsetzungsgesetz
Ggf	gegebenenfalls
GuV	Gewinn- und Verlustrechnung
ISACA	Information Systems Audit and Control Association
ISO	Internationale Organisation für Normung (von griechisch ‚isos' (gleich))
IT	Informationstechnologie
ITIL	information technology infrastructure library
JiT	Just in Time
KMU	kleine und mittelständische Unternehmen
KPI	Key Performance Indicator
KVP	Kontinuierliche Verbesserungsprozesse
MiFID	(Markets in Financial Instruments Directive; Richtlinie über Märkte für Finanzinstrumente)
MIT	Massachusetts Institute of Technology
OLA	Operational Level Agreement
PwC	PricewaterhouseCoopers (Beratungsunternehmen)
SLA	Service level agreements
SMED	Single Minute of Die
SoFFin	Sonderfonds Finanzmarktstabilisierung
SOX	Sarbanes Oxley Act (US-Bundesgesetz zur Berichterstattung von Unternehmen)
SWOT	Akronym für Strength, Weaknesses, Opportunities und Threats
TPS	Toyota Produktionssystem
TSP	Traveling Salesman Problem
z. B.	zum Beispiel

Einleitung 1

1.1 Die Idee der „LEAN IT"

Der Finanzdienstleistungssektor hat sich von lokalen Geldhäusern zu international agierenden Großunternehmen entwickelt. Der Wettbewerbsdruck auf die einzelnen Marktteilnehmer ist nicht nur durch diese Internationalisierung im Allgemeinen, sondern auch im Speziellen durch die Schaffung einer gemeinsamen Währung im Euroraum gestiegen. Die im Finanzdienstleistungssektor agierenden Unternehmen müssen für eine wettbewerbsfähige Preisgestaltung verstärkt auf Kostenreduktion setzen. In der Presse wird bei den Betriebsausgaben häufig der Personalkostenblock angeführt. Die Gewinn- und Verlustrechnung der Haspa weist beispielsweise 2012 bei rund einer Milliarde Euro Ertrag die Personalaufwände als den zweitgrößten Kostenblock mit 355 Mio. € aus. Der größte Kostenblock mit 500 Mio. € bildet die Zuführung zum Fonds für allgemeine Bankrisiken (Haspa 2013, S. 24–25). Darauf direkt folgend steigen die Höhe und damit die Relevanz der Kosten für die IT (Informationstechnologie) zunehmend an (statista 2013, S. 1). Die Bedeutung der IT für die Leistungserbringung und dadurch auch die damit verbundenen Ausgaben sind bislang stetig gestiegen. Laudon bezifferte im Jahr 2010 diesen Anteil auf ein Drittel aller Anlageinvestitionen in den USA. In sehr datenintensiven Branchen, wie Finanzdienstleistungen, Versicherungen und Immobilienunternehmen beträgt er sogar über die Hälfte (Laudon et al. 2010, S. 10).

Das Problem ist, dass eine Reduktion dieser Kosten durch massive Verkleinerung oder vollständigen Verzicht von IT-Leistungen häufig nicht realisierbar ist. Vielmehr ist zur Regulierung der IT-Kosten ein möglichst effizienter Umgang mit den vorhandenen Ressourcen notwendig. In der Praxis werden verschiedene Maßnahmen mit dem Ziel der Effizienzsteigerung durchgeführt. Beispielhaft sei hier das Outsourcing bestimmter IT-Leistungen mit der Zielsetzung, Synergieeffekte mit dem Dienstleister zu generieren und dadurch Personal- und Fortbildungskosten einzusparen, genannt. Über diese punktuellen

© Springer Fachmedien Wiesbaden 2015
D. Schäfer, *Lean-Informationstechnik im Finanzdienstleistungssektor*,
DOI 10.1007/978-3-658-06989-6_1

Maßnahmen hinaus erscheint die Entwicklung und Umsetzung einer, über die gesamte IT-Landschaft des Unternehmens gespannten, ganzheitlichen Management-Methodik besonders erfolgsversprechend.

In der IT haben sich hierzu verschiedene Management-Rahmenkonzepte etablieren können. Ziel dieser Arbeit ist es, Optimierungsmöglichkeiten für bestehende Rahmenkonzepte zu prüfen. Im Bereich des operativen Managements konnte sich ITIL (IT Infrastructure Library) zum De-facto-Standard durchsetzen und entwickelte sich zu einem Bezugssystem über die gesamte Lebensdauer eines IT-Service hinweg (APM Group Ltd 2013, S. 1). Dabei soll ITIL nicht nur als eine reine Bibliothek von Best-Practice-Methoden verstanden werden, denn die einzelnen Stadien des Service-LifeCycle, also des Lebenszyklus von IT-Leistungen werden zusätzlich damit verknüpft. In der aktuellen Version 3 wird bei ITIL zunehmend Wert auf die Effizienz der definierten Prozesse gelegt, kann dabei aber die ursprüngliche Herkunft als Verfahrensbibliothek mit der Zielsetzung auf eine hohe Prozessreife nicht gänzlich ablegen. Eine andere Herkunft, aber ähnliche Ansätze, hat Lean. Die Lean-Philosophie kommt ursprünglich aus der Automobilindustrie und verfolgt, in einem über die ITIL-Ansätze hinausgehendem Maß, die Etablierung von sich selbst permanent auf Effizienzsteigerung prüfenden, pragmatischen Prozessen. Die Entstehung von Lean reicht bis in das Jahr 1950 zurück, wodurch mit dieser Methode bereits viele Erfahrungen gesammelt werden konnte. Von diesen Erfahrungen kann der deutlich jüngere IT-Sektor – laut Carr betrug der Anteil der IT-Ausgaben 1980 lediglich 15 % der Unternehmensinvestitionen (Carr 2003, S. 2) – profitieren.

Das in der IT bereits etablierte ITIL-Konzept wird in dieser Arbeit auf Schwächen in der Effizienz untersucht und durch Stärken der Lean-Idee erweitert. Dadurch entsteht ein neues Konzept der „Lean IT". Maßgebend bleibt die Umsetzung der durch die strategische Ausrichtung des Unternehmens vorgegeben Ziele und Vorgaben, sodass eine praxisorientierte Symbiose und kein rein theoretischer Maßnahmenkatalog entsteht.

Die Idee, ITIL mit Lean zu ergänzen, basiert auf der Vorstellung, über den Tellerrand des in der IT gewachsenen Konzeptes hinaus zu blicken. Die gängigen Methoden zur Prozessoptimierung sind in der Umgebung der elektronischen Datenverarbeitung entstanden und gewachsen. Im Vergleich zu dieser relativ jungen Branche gibt es im produzierenden Gewerbe viele Jahrzehnte Erfahrungen in der Effizienzsteigerung. Dieser Wissens- und Erfahrungsvorsprung wird genutzt, um Schwächen in den etablierten Konzepten zu identifizieren und zu beseitigen.

1.2 Zielsetzung und zentrale Fragestellung

Ziel dieser Ausarbeitung ist es, die Möglichkeiten der Effizienzsteigerung durch Erweiterung der in der IT etablierten Konzepte zu prüfen. Hierzu wird ITIL, welches den aktuellen, weltweit akzeptierten De-facto-Standard in der IT-Leistungserbringung darstellt (APM Group Ltd 2013, S. 1), mit den pragmatischen und schlanken Ansätzen des Toyota-Produktions-Systems bzw. Lean angereichert und verbessert.

Zur Zielerreichung wird im ersten Schritt eine Bestandsaufnahme der gängigen IT-Managementkonzepte mit einem Schwerpunkt auf das operative Alleinstellungsmerkmal von ITIL durchgeführt und gegeneinander abgegrenzt. Eine daran anschließende Erläuterung der Idee des Toyota-Produktions-Systems bzw. Lean stellt die Effizienzsteigerungsmethodik der Produktionsunternehmen vor. Im zweiten Schritt wird eine grundsätzliche Richtung der gewünschten Effizienzsteigerung anhand der strategischen Ausrichtung im Finanzdienstleistungssektor und der daraus resultierenden Ziele und Vorgaben für den IT-Bereich aufgestellt. Im dritten Schritt werden mögliche Schwachstellen des ITIL-Konzeptes identifiziert und eine Auswahl der zur Verbesserung geeigneten Lean-Ideen getroffen.

Die strategische Ausrichtung des Finanzdienstleistungssektors und die daraus für die IT resultierenden Ziele und Vorgaben bedienen sich der Balanced Scorecard als strategisches Managementinstrument. Anhand dieser Anforderungen und Zielvorgaben werden dann Handlungsfelder mittels SWOT-Analyse identifiziert und Lösungsansätze erarbeitet.

1.3 Zum Vergleich verwendete theoretische Methoden

Zum Vergleich von ITIL und Lean werden zwei Methoden ausgewählt. Die erste Methode gibt die strategische Richtung und damit einen Orientierungsrahmen vor, während die zweite Methode die Frameworks analysiert und Optimierungspotenziale herausarbeitet.

Die strategische Methode ist die Balanced Scorecard (kurz: BSC). Sie ermöglicht nach Schmitt et Pfeifer das „Operationalisieren, Kommunizieren und Darlegen einer Strategie und der Ausrichtung der operativen Ebenen an vorgegebenen Zielen" (Pfeifer und Schmitt 2010, S. 698–700). Hierzu bedient sich die BSC verschiedener Betrachtungsperspektiven. Ausgangspunkt dieser Untersuchung ist die finanzielle Perspektive, welche das außenwirksame Verhalten gegenüber Partnern zur Erreichung der finanziellen Ziele betrachtet. Die Kundenperspektive betrachtet das Verhalten gegenüber Kunden, ebenfalls zur Erreichung der finanziellen Ziele und ergänzt es um die Realisierung der unternehmerischen Vision. Die Perspektive auf die internen Prozesse soll Potenziale der Prozesse im Hinblick auf Zufriedenheit der Partner und der Kunden betrachten. Die letzte Perspektive betrachtet Lernen und Innovation und unterstützt Veränderungen, mit denen die Unternehmensvision realisiert werden kann. Die BSC stellt damit einen strategischen Managementprozess dar, der strategische Ziele durch eine Ursache-Wirkungs-Kette verbindet und Aktionsprogramme zur Zielerreichung ableiten kann. Schmitt et Pfeifer empfiehlt bei der Implementierung, die BSC verschiedener Unternehmensbereiche mit der BSC des gesamten Unternehmens zu verknüpfen. Somit ist es im Umkehrschluss möglich, einzelne Unternehmensbereiche separat mittels der BSC zu untersuchen (Pfeifer und Schmitt 2010, S. 698–700). Die BSC wurde 1990–1991 im Kontext einer einjährigen Studie mit dem Thema „Performance Measurement in Unternehmen der Zukunft" entwickelt. Ziel dieser Studie war es, eine Alternative zu den existierenden Performance-Measurement-Ansätzen zu finden, die vor allem auf Finanzkennzahlen basierten. Durchgeführt wurde diese Studie vom Nolan Norton Institute, dem Forschungszweig der KPMG. Die Leitung der Studie übernahm der Geschäftsführer Nolan Norton und die akademische Beratung erfolgte durch Robert Kaplan, einem amerikanischen Wirtschaftswissenschaftler an der Harvard Business School (Kaplan und Norton 1997, S. VII).

Als analysierende Methode dient die SWOT-Analyse. Nach Schmitt et Pfeifer werden bei der SWOT-Analyse (Strength, Weaknesses, Opportunities, Threats) „Produkte, Prozesse oder gesamte Unternehmen systematisch betrachtet, um bestehende Probleme zu identifizieren und zu lösen." Dabei wird der Ist-Zustand dargestellt und auf innerbetriebliche Stärken und Schwächen sowie externe Chancen und Risiken untersucht. Die innerbetrieblichen Faktoren erlangen erst dann eine Relevanz, wenn sie auf den Wettbewerb bzw. Industriestandards, also die externen Faktoren, treffen und damit in Relation gesetzt werden. Die externen Faktoren sind dabei durch das Unternehmen nicht aktiv steuerbar, die innerbetrieblichen Faktoren hingegen schon. Es wird gezielt nach Kombinationen gesucht, aus welchen sich Initiativen und Maßnahmen zur Verbesserung ableiten lassen. Beispielsweise soll bei der Betrachtung der Stärke/Chance-Kombination herausgefunden werden, welche innerbetrieblichen Stärken gezielt zur Erhöhung der (externen) Chancenrealisierung genutzt werden können. Die Stärke/Risiko-Kombination hingegen sucht nach innerbetrieblichen Stärken zur Abwehr potenzieller externer Gefahren. Eine Schwäche/Chancen-Kombination versucht, aus Schwächen Chancen zu entwickeln und die Schwäche/Risiko-Kombination soll Schwächen in Relation zu den externen Risiken identifizieren und vor Schaden schützen (Pfeifer und Schmitt 2010, S. 804–807). Die SWOT-Analyse wurde in den 1960er Jahren an der Harvard Business School entwickelt, um den Prozess der Strategieentwicklung zu formalisieren und Unternehmen so ein Methode an die Hand zu geben, sich die eigenen Stärken und Schwächen bewusst zu machen (Kotler et al. 2010, S. 30).

Literatur

APM Group Ltd. (2013). *Welcome to the Official ITIL® Website*. http://www.itil-officialsite.com/. Zugegriffen: 23. April 2013.

Carr, N. G. (2003). IT doesn't matter. Von Harvard Graduate School of Business Administration. http://www.uio.no/studier/emner/matnat/ifi/INF5210/h04/pensum/it_doesntmatter.pdf. Zugegriffen: 6. Jan. 2013.

Haspa – Geschäftsbericht. (2013). http://www.haspa.de/Haspa/DieHaspa/DasUnternehmen/Geschaeftsbericht/Geschaeftsbericht.html. Zugegriffen: 1. Sept. 2013.

Kaplan, R. S., & Norton, D. P. (1997). *Balanced scorecard: Strategien erfolgreich umsetzen. Handelsblatt-Reihe*. Stuttgart: Schäffer-Poeschel.

Kotler, P., Berger, R., & Bickhoff, N. (2010). *The quintessence of strategic management: What you really need to know to survive in business*. Berlin: Springer. http://sub-hh.ciando.com/book/?bok_id=47437. Zugegriffen: 21. Aug. 2013.

Laudon, K. C., Laudon, J. P., & Schoder, D. (2010). *Wirtschaftsinformatik: Eine Einführung* (2. Aufl.). München: Pearson Deutschland. http://ebooks.pearson-studium.de/9783827373489. Zugegriffen: 6. April 2013.

Pfeifer, T., & Schmitt, R. (2010). *Qualitätsmanagement: Strategien, Methoden, Techniken* (4. Aufl.). München: Hanser, Carl.

statista. (2013). *Prognose zu den weltweiten IT-Ausgaben von 2012 bis 2014 nach Bereich (in Milliarden US-Dollar)*. http://de.statista.com/statistik/daten/studie/160458/umfrage/weltweite-it-ausgaben-nach-ausgewaehlten-bereichen/. Zugegriffen: 25. Sept. 2013.

Die IT der Finanzdienstleister

2

2.1 Bedeutung und Herausforderungen der Informationstechnologie im Allgemeinen

Die Bedeutung der IT ist direkt von der Relevanz und damit dem Wert von Informationen abhängig. Der Wunsch nach sofortiger Verfügbarkeit von Informationen ist sowohl im privaten als auch im unternehmerischen Kontext sichtbar. Dies wird am jüngsten Boom der Smartphone-Handys sichtbar, deren Marktanteil im Mobilfunksektor von 16,5 % in 01/2010 auf 48,4 % in 10/2012 stieg (statista 2012a).

Traditionell gelten als volkswirtschaftliche Produktionsfaktoren Arbeit, Boden und Kapital (Erdmann et al. 2006, S. 21). In wissens- und informationsbasierten Ökonomien sind diese Produktionsfaktoren um „Information" und „Wissen" erweitert worden, da sie die Grundlage für eine neue Art von Produkten und Dienstleistungen darstellen. Der Marktwert eines Unternehmens errechnet sich demnach zusätzlich zum Anlagevermögen etc. aus immateriellen Vermögenswerten, wie unternehmenseigenem Wissen, Informationen, besonderen unternehmenseigenen Geschäftsmethoden, Warenzeichen und anderem „intellektuellen Kapital" (Laudon et al. 2010, S. 9–10). Damit einhergehend stellt sich vermehrt die Frage nach der Gewinnung und Verwaltbarkeit der Ressource „Information"; die Informationstechnologie liefert hierzu Antworten und bietet Lösungsstrategien an. Die Abhängigkeit der Wirtschaft von Wissen und Information bewirkte in den vergangenen Jahrzehnten einen immer größer werdenden Anteil der IT-Investitionen am Unternehmensbudget. Laudon bezifferte im Jahr 2010 diesen Anteil auf ein Drittel aller Anlageinvestitionen in den USA; in bestimmten Branchen, die sehr datenintensiv sind, wie Finanzdienstleistungen, Versicherungen und Immobilienunternehmen sogar über die Hälfte (Laudon et al. 2010, S. 10). Dieser Unterschied macht sich nicht nur bei der Anlageinvestition, sondern auch beim Anteil der IT-Budgets am Unternehmensumsatz bemerkbar. Die Darstellung in Abb. 2.1 wurde von Statista im Jahr 2010 veröffentlicht, bezieht sich dabei

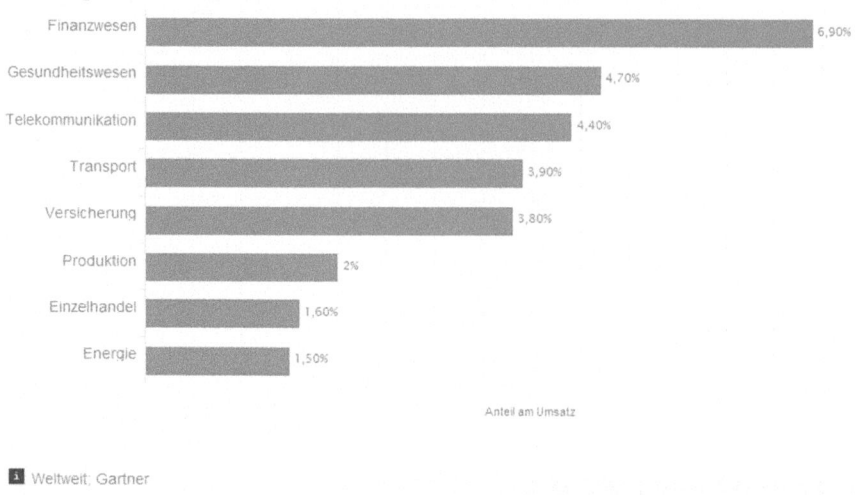

Abb. 2.1 IT-Budgets als Anteil am Umsatz nach Branchen im Jahr 2008. (Quelle: statista 2010, S. 1)

aber auf weltweite Untersuchungen von Gartner aus dem Jahr 2008 und bestätigt die oben genannten Verhältnisse.

Durch die stärkere Marktdurchdringung der IT und den zunehmenden Wettbewerbsdruck bei Hard- und Softwareherstellern sinken die Preise der einzelnen Komponenten merklich und die Weiterentwicklung schreitet schnell voran. Als Indikator für diese Weiterentwicklung hat sich in der Branche die Betrachtung der Leistungsfähigkeit integrierter Schaltkreise, wie beispielsweise eines Prozessors in einem Computer, etabliert. Die Fähigkeit eines solchen Computerprozessors wird durch die Anzahl der verarbeiteten Gleitkommaoperationen je Zeiteinheit (kurz: FLOPS – floating point operations per second) gemessen. Der Prozessor „Pentium 4" von Intel aus dem Jahr 2008 mit einem einzelnen integrierten Rechenkern beherrschte beispielsweise 6,4 Giga-FLOPS, ein aktueller Prozessor „i7" mit sechs integrierten Rechenkernen 83,2 Giga-FLOPS. Gordon Moore, Physiker, Chemiker und Mitbegründer der Firma INTEL, formulierte eine Gesetzmäßigkeit, die bis heute Bestand hat. Das Mooresche Gesetz sagt aus, dass sich die Komplexität integrierter Schaltkreise mit minimalen Komponentenkosten regelmäßig verdoppelt. Ursprünglich sprach Moore selbst von einer jährlichen Verdoppelung, korrigierte 1975 jedoch seine Angabe auf eine Verdoppelung alle zwei Jahre (Rechenberg und Pomberger 1999, S. 298–299). Setzt man nun die deutlichen Kapazitätssteigerungen am Beispiel der integrierten Schaltkreise und die damit verbundene Kostensenkung je Rechenoperation ins Verhältnis zum steigenden Anteil der IT-Investitionen am Unternehmensbudget, so wird der deutliche Mehrbedarf der Unternehmen an Informationsverarbeitung sichtbar. Mit diesem Mehrbedarf an Informationen und deren Verarbeitung erkannten die Unternehmen auch die Bedeutung der IT als kritischen Erfolgsfaktor, was sich wiederum auf die IT-Ausgaben auswirkte. In den USA wurde 1965 weniger als fünf Prozent der Unternehmensinvestitionen in die IT getätigt. Abbildung 2.2 zeigt den Anstieg des Anteils der IT-Ausgaben an den Unternehmensinvestitionen in den USA ab 1980. Mit der Vorstellung des Personalcomputers 1980 stieg der Anteil auf 15 %. In den neunziger Jahren lag er bereits bei 30 % und zur Jahrtausendwende bei knapp 50 % aller Unternehmensinvestitionen (Carr 2003, S. 2).

Unternehmen betrachteten, wie eingangs aufgezeigt, die IT zunehmend als kritischen Erfolgsfaktor und als Ressource, die eine strategische Relevanz darstellt. Durch den zunehmenden Wettbewerb der IT-Anbieter erscheint die IT jedoch als überall und ständig verfügbar. PCs können mit sofortiger Verfügbarkeit gekauft werden, Server haben ebenfalls kürzeste Lieferzeiten und die geringe Anzahl an verfügbaren Betriebssystemen (in der Regel nur Microsoft Windows und Apple iOS; selten Unix/Linux statista 2012c, S. 4–13) erlaubt eine weitgehende Standardisierung der unternehmensinternen IT-Landschaft. Abbildung 2.3 zeigt eine grafische Übersicht aus den Jahren 2009 und 2010. Trotz aktuell steigender Marktanteile von Apple bleibt die Kernaussage zu verfügbaren Betriebssysteme jedoch unverändert bestehen.

Es ist weiterhin nachvollziehbar, dass Unternehmen ohne IT am Markt nicht bestehen können. Eine kluge und effiziente Nutzung der IT kann daher auch einen Wettbewerbsvorteil darstellen. Carr beschrieb 2003 einen Wandel im Selbstverständnis der IT, die sich mittlerweile immer mehr als eine knappe Ressource, die einer strategischen Beachtung bedarf, versteht. Eine ständige Verfügbarkeit und damit quasi eine Beliebigkeit der Ressource, so die neue Sichtweise, widerspreche einer strategischen Relevanz. IT sei eher mit einer funktionierenden Stromversorgung vergleichbar. Ohne Strom steht die Produktion still. Bis auf wenige Ausnahmen würde sich aber kein Unternehmen, entsprechend entwickelte Industrieinfrastruktur voraussetzend, strategisch mit der Beschaffung eben dieser Stromversorgung beschäftigen. Im Gegenteil wäre eine unzureichend zuverlässige Stromversorgung höchstens ein Ausschlusskriterium bei der Standortwahl.

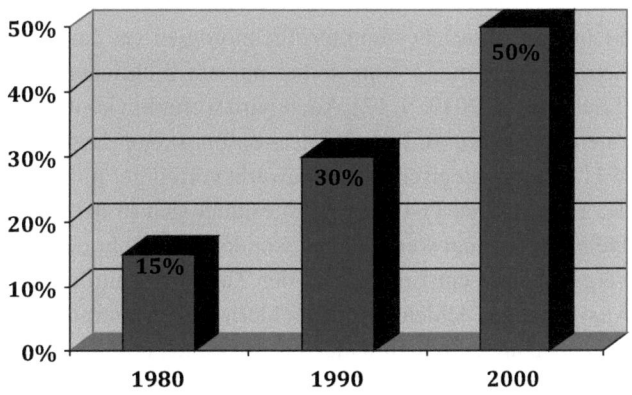

Abb. 2.2 Anteil IT-Ausgaben an Unternehmensausgaben nach Jahrzehnten. (Quelle: eigene Darstellung)

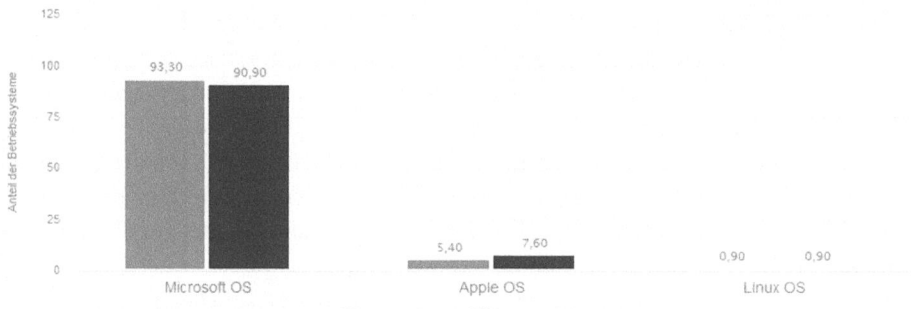

Abb. 2.3 Anteil der meistgenutzten Betriebssysteme in Europa im August 2009 und 2010. (Quelle: statista 2012b, S. 1)

> But as their availability increased and their cost decreased–as they became ubiquitous–they became commodity inputs. From a strategic standpoint, they became invisible; they no longer mattered. […] Today, no company builds its business strategy around its electricity usage, but even a brief lapse in supply can be devastating (as some California businesses discovered during the energy crisis of 2000). (Carr 2003, S. 3–8)

Carr erklärt sich den Widerstand gegen die von ihm dargestellte Sichtweise damit, dass IT-Manager, die sich in der Vergangenheit aufgrund der gestiegenen Bedeutung der IT als CIO (central information officer) in den obersten Führungsebenen etablieren konnten, befürchten, diesen Einfluss aufgrund der neuen Sichtweise der Beliebigkeit der IT nun wieder verlieren könnten (Carr 2003, S. 9). Die Kausalkette, dass sich der Einsatz der IT direkt auf ein positives Betriebsergebnis auswirken würde und sich die Wichtigkeit der IT daher am Anteil des Gesamtbudgets ablesen ließe, wird kontrovers diskutiert. Nicht der Einsatz bestimmter Technologien sei das Ziel, sondern die Optimierung von Betriebsabläufen. IT wäre dabei nur ein möglicher Unterstützer für optimale Prozesse (Laudon et al. 2010, S. 12). Auch wird weiterhin kontrovers diskutiert, ob die IT überhaupt einen messbaren Teil der Wertschöpfungskette darstellt oder im Gegenteil Investitionen in IT einen strategischen Wettbewerbsvorteil gar nicht erzeugen können. Die Berechnung des Ertrags einer IT-Investition gestaltet sich in der Praxis schwierig, da nicht sofort ein Mehrwert erzeugt werden kann, sondern vielmehr eine Vielzahl von Investitionen aus der Vergangenheit ein Ergebnis in der Zukunft beeinflussen. Tatsächlich sind die negativen Auswirkungen fehlender oder fehlerhafter Investitionen auf zukünftige Ergebnisse deutlich sichtbarer. Ähnlich widerspricht Mauch der direkten Erfolgsberechnung grundlegend am Beispiel einer Finanz- und Controllingfunktion, deren messbaren Wert er ebenfalls bezweifelt (Mauch 2006, S. 131).

Darüber hinaus ist die Messung des Wertes einzelner Unternehmensfunktionen grundsätzlich fragwürdig. Wer würde beispielsweise nach dem Wert der Finanz- und Controllingfunktion fragen? (Mauch 2006, S. 131)

Diese Debatte zur Berechenbarkeit der Wertschöpfung der IT ist deutlich älter als die von Carr propagierte Beliebigkeit der IT. Laudon et al. benutzen hierbei den Begriff der „Produktivitätsparadoxon-Debatte" und skizziert den bereits in den 1980er-Jahren beginnenden Diskussionsverlauf. Eine abschließende Einschätzung oder ein Konsens ist bis heute nicht erkennbar (Laudon et al. 2010, S. 39). Die Bedeutung der IT ist trotz dieser Debatte nicht geringer geworden, der Fokus bei der Investition in neue Technologien hat sich aber deutlich verändert. Nicht die Technik steht im Vordergrund, sondern deren Beitrag zur Geschäftsstrategie. Der Wert der IT wird immer häufiger als „Business-Enabler" bezeichnet (Mauch 2006, S. 123–124). Folgt man Carr, so soll eher zurückhaltend in Informationstechnik investiert werden. Änderungen an der bestehenden Infrastruktur werden nur vorgenommen, wenn sie zwingend notwendig sind; Investitionen sollen nur in etablierte IT-Produkte erfolgen, deren Kinderkrankheiten ausgemerzt wurden. „Follow, don't lead" sei die neue Maxime der Investitionsentscheidungen (Carr 2003, S. 11). Diese Vorgehensweise birgt aber auch die Gefahr, Effekte zu übersehen, die sich abseits der technischen Komponenten abspielt. Informationstechnik kann Geschäftsprozesse zwar unterstützen, sich aber im Laufe der Zeit derart von anderen Wettbewerbern derselben Branche unterscheiden, dass sie als rückständig und sogar als Erschwernis oder Arbeitshindernis angesehen werden kann. Cone beschreibt in einer Fallstudie über das Finanzdienstleistungsunternehmen Morgan Stanley, dass unterlassene IT-Investitionen auch indirekte Auswirkungen haben können. Er portraitiert einen Broker, der zu den „company's top producers" zählt, aber aufgrund antiquierter IT-Ausstattung nicht nur in erheblichem Maße in seiner Arbeit beeinträchtigt wird, sondern an der Wertschätzung des Unternehmens zu zweifeln beginnt und das Unternehmen letztendlich mitsamt eines Großteils seiner Kunden verlässt. Diese gefühlte mangelnde Wertschätzung macht der Broker dabei an unzähligen, kleineren und größeren Schwierigkeiten mit den angebotenen (oder fehlenden) IT-Services fest, wie beispielsweise die Notwendigkeit, größere Druckaufträge für Kundenportfolios samstags durchzuführen oder mehrere unterschiedliche Systeme für eine einzige Kundenauskunft benutzen zu müssen. In Summe schränkten diese IT-Probleme die Arbeit des Brokers derart ein, bis der letzte Tropfen das sinnbildliche Fass zum Überlaufen bringt und er zur technisch besser aufgestellten Konkurrenz wechselt (Cone 2006, S. 1–3).

Neben der Frage nach der grundsätzlichen Bedeutung der IT gerät auf der Suche nach einem sinnvollen Maß an Investitionen in die IT immer wieder das IT-Budget in den Fokus. Dabei wird oft verkannt, dass nicht die absolute Budgethöhe oder deren Verhältnis zum Unternehmenserfolg relevant ist, sondern der sinnvolle und zielgerichtete Einsatz der IT. Verschiedene Untersuchungen verglichen die Höhe des IT-Budgets am Unternehmenserfolg. Die Ergebnisse waren besonders in datenintensiven Bereichen, wie dem Finanzdienstleistungssektor, eindeutig. Die IT-Ausgaben gemessen am Unternehmenserfolg betrugen in diesen Untersuchungen zwischen vier und 18 %. Interessanterweise hatten die Unternehmen mit einem hohen Unternehmenserfolg die geringeren IT-Kostenanteile. Das Finanzdienstleistungsunternehmen mit dem höchsten Gewinn hatte im Verhältnis zum schwächsten Mitbewerber um 40 % geringere IT-Kosten. Eine mögliche Erklärung ist, dass es das erfolgreichere Unternehmen verstand, ein hervorragendes IT-Management mit einer starken Fokussierung der IT auf die Optimierung von Geschäftsprozessen zu kombinieren (van Kanika Bahadur 2006, S. 1). Van Kanika bezieht sich auf Umfrageergebnisse von McKinsey aus dem Jahr 2005 und identifiziert zwei Komponenten. Die erste Komponente ist das eigentliche IT-Management. Hier zeichnen sich starke Marktteilnehmer durch eine standardisierte und miteinander verzahnte Anwendungslandschaft aus. Die Anzahl der insgesamt eingesetzten Applikationen differiert um 30 %, die daraus entstehenden Wartungskosten um 25 %. Der Marktteilnehmer mit der effizientesten IT nutzte 380 Applikationen und investierte weniger als 60.000 € an Wartungskosten je Applikation. Die Marktteilnehmer mit der teuersten IT nutzten durchschnittlich 500 Applikationen und investierten 135.000 € an Wartungskosten je Applikation. Die durchschnittliche Anzahl der Rechenzentren lag bei den effizienteren Markteilnehmern bei 1,7 und die damit verbundenen Kosten bei 22 Mio. €. Die Marktteilnehmer mit der teuersten IT nutzen im Vergleich durchschnittlich 2,5 Rechenzentren, welche Kosten in Höhe von 29 Mio. € verursachten. Auch beim User-Support und der Desktop-Infrastruktur zeigen sich die unterschiedlichen Fähigkeiten deutlich. Die effizienteren Marktteilnehmer investierten je Arbeitsplatz durchschnittlich 1600 €, die ineffizienteren Marktteilnehmer durchschnittlich 2500 €. Interessant ist auch, dass die Marktteilnehmer mit den höchsten IT-Kosten im Bereich der Infrastruktur gleichzeitig auch den größten prozentualen Anteil an IT-Services vom externen Dienstleistern erbringen lassen. Effiziente Marktteilnehmer lassen durchschnittlich 30 % der IT-Leistungen von Externen erbringen und wenden sieben Prozent des IT-Budgets dafür auf. Marktteilnehmer mit hohen IT-Kosten vergeben 45 % der IT-Leistungen an Externe und geben dafür 25 % des IT-Budgets dafür aus. Eine um 50 % höheren Rate beim Outsourcing geht demnach mit einem 250 % höheren Budgetbedarf einher. Die kontinuierliche Überwachung dieser Dienstleister bei den Marktteilnehmern mit effizienter IT und die im Gegensatz dazu nur halbjährlichen Überprüfung bei den Marktteilnehmern mit dem höchsten IT-Budget verstärkt den negativen Eindruck. Die zweite Komponente neben dem reinen IT-Management ist die Fähigkeit der IT, die Geschäftsprozesse, bzw. schlicht „das Business" optimal zu unterstützen. Effektive „Business-Enabler" ermöglichen den Zugriff auf alle Kundeninformationen innerhalb einer einzelnen Anwendung. Die Gegenseite der „High IT spenders" benötigt zwei bis drei Anwendungen. Ein wichtiger Aspekt ist auch die Nutzung sogenannter „workflow-management-systeme" für Prozesse mit großer Ausführungshäufigkeit. Hierbei werden Prozesse gezielt und strukturiert mit IT-Services unterstützt, um einen möglichst schnellen und fehlerfreien Ablauf zu gewährleisten. Die genutzten IT-Services richten sich also vollständig nach dem Prozess und nicht umgekehrt. Die beschriebenen „Business-Enabler" nutzen ein solches „workflow-management-system" durchgängig in allen Bereichen mit großen Ausführungshäufigkeiten, die Marktteilnehmer mit dem hohen IT-Budget hingegen selten. Abbildung 2.4 zeigt die beschriebenen Unterschiede zwischen den Marktteilnehmern mit effizienter und teurer IT im Überblick.

2.1 Bedeutung und Herausforderungen der …

		Effective business enablers	High IT spenders
IT management	**Managing Assets** Applications: - Number of Applications - Maintenance spending per application Degree of fragmentation	- 380 - <€60.000 A few well-integrated applications	- 500 - €135.000 Many poorly integrated applications, creating potential for redundant data
	Data Centers: - Number of data centers - Spending per data center - Desktop infrastructure/help desk spending per full-time equivalent	- 1.7 - €22 million - €1.600	- 2.5 - €29 million - €2.500

	Managing vendors
	- Outsourcing
	  o % of banks in sample that outsource
	  o Outsourced spendings as % of IT spending
	- Vendor management Frequency of vendor negotiations
		- 30%
		- 7%
		
		Continuous monitoring
			- 45%
			- 25%
			
			Every 6 months

Business enablement	**Responsiveness to business change** - Flexibility of aaplications, % of applications with difficult-to-change features - Availability of customer profile information, number of systems user must obtain access to	- <40% - 1	- 40-60 % - 2-3
	Focus on business productivity - Focus on core banking, % of application spending on support functions (eg. Finance, HR) - Use of work-flow-management systems in high-volume transactions	- 13% - Used in all	- 21% - Used in few

Abb. 2.4 Vergleich zwischen effektivem und uneffektivem IT-Management

Eigene Darstellung in Anlehnung an: McKinsey 2005 survey of IT costs in 37 European banks (van Kanika Bahadur 2006, S. 3)

Sai Gopalan bestätigt die Erkenntnisse van Kanikas, da nach seinen Untersuchungen diese sogenannten „High IT spenders" durchschnittlich ein um 2,5 Prozentpunkte höheres „cost-income-ratio" und ein 0,4 Prozentpunkte geringeres Einnahmenwachstum aufzeigen (Sai Gopalan 2012, S. 1). Mauch untersuchte die Zusammenarbeit zwischen den Fachabteilungen als Auftraggeber einerseits und der IT-Abteilung, bzw. dem externen Dienstleister andererseits. Nur selten liegen bei diesen „High IT spenders" standardisierte und eindeutige Prozesse vor (15,6 %). Deutlich häufiger erfolgt die Zusammenarbeit situativ (56,3 %). Gleichzeitig mangelt es bei 60 % der untersuchten Unternehmen grundsätzlich an standardisierten Prozessen und rund 50 % haben konkrete Anforderungen an die IT (sogenannte Service Level Agreements; kurz: SLA) erst gar nicht festgelegt. Vor diesem Hintergrund erklärt sich laut Mauch auch, dass Outsourcing-Entscheidungen „aus dem Bauch heraus" und nicht aufgrund von Fakten entschieden werden. Mauch empfiehlt als ersten Schritt zur Verbesserung der Situation auf vorhandene Prozessbeschreibungsmethoden, wie ITIL, zu setzen. Allein durch die Definition von SLAs könnten eine Reihe von Ausfallrisiken signifikant reduziert und die Prozesstransparenz deutlich erhöht werden (Mauch und Wildemann 2007, S. 8–53). Die Kernaussage von Carr, wonach die IT als „beliebig verfügbar" anzusehen sei, stößt in der wirtschaftlichen Praxis demnach auf ineffizientes IT-Management und unausgereifte oder unspezifische Prozesse. Scheinbar ist der Vergleich der IT mit der Ressource Strom zwar bezüglich Verfügbarkeit und Wettbewerbssituation statthaft, die Kompatibilität zwischen Stromverbraucher und Steckdose ist jedoch deutlich höher, als zwischen IT und Business. Eine Erklärung hierfür versucht eine Studie von ca technologies zu geben, welche die (frühzeitige) Einbeziehung der IT-Leiter in Unternehmensentscheidungen betrifft. Die befragten CIOs berichteten, dass dem Topmanagement die Möglichkeiten der IT-Unterstützung überhaupt nicht bewusst sind (80 %), bzw. die IT-Unterstützung erst gar nicht als wertsteigernd ansieht (37 %). Rund 30 % der befragten CIO berichtete sogar, dass IT als reiner Kostenblock angesehen wird (ca technologies 2012, S. 2–6). Die von Carr propagierte Beliebigkeit und die seit langem schwelende Produktivitätsparadoxon-Debatte scheint in den Führungsetagen angenommen zu werden. Eine mögliche Lösung könnte einfach zu erreichen sein. 55 % der befragten CIOs gab an, niemals in strategische Entscheidungen involviert zu sein. Mehr als 60 % fühlten sich jedoch fachlich in der Lage, bei derartigen strategischen Diskussionen einen wertvollen Beitrag leisten zu können (ca technologies 2012, S. 2–6).

Zusammenfassend ist die IT nach wie vor entscheidend für den Unternehmenserfolg. Dabei hat sich deren Rolle von der reinen Technologie hin zum direkten Unterstützer von Geschäftsprozessen entwickelt. Eine knappe Ressource stellt sie hingegen nicht mehr dar. Die Notwendigkeit einer möglichst aktuellen IT-Ausstattung wurde von der Notwendigkeit eines effizienten IT-Managements abgelöst. Der Wirkungsgrad lässt sich durch Standardisierung und damit letztlich durch rechtzeitige Einbeziehung der IT in Geschäftsentscheidungen optimieren.

2.2 Regulative Besonderheiten bei Finanzdienstleistern

Wie bereits dargestellt, unterstützt der Einsatz der IT massiv die Geschäftsprozesse eines Unternehmens. Daraus ist jedoch eine Vielzahl von nachgelagerten Anforderungen an die IT entstanden, die über reine Verfügbarkeits- und Schutzszenarien gegenüber Mitbewerbern hinausgehen. Eine Vielzahl von Gesetzen, Normen und Vorschriften reguliert den Einsatz und die Schutzbedürftigkeit der IT. Quentmeier spricht von einem „immer dichter werdenden Netz nationaler und internationaler Gesetze und Vorschriften" (Quentmeier 2012, S. 11), die auch Auswirkungen auf die IT haben. Aus dem englischen ‚compliant' = ‚konform' entwickelte sich der Begriff der ‚Compliance'. Damit ist aber nicht nur die ausschließliche Erfüllung gesetzlicher oder normativer Vorschriften gemeint, sondern auch die Befolgung von Unternehmensrichtlinien und/oder freiwilliger Kodizes durch das Unternehmen und seine Mitarbeiter. Nach Quentmeier dient die Compliance dabei nicht zur ausschließlichen Begrenzung des unternehmerischen Handelns, sondern soll vielmehr das „unternehmerische Geschäftsgebaren mit allen gesellschaftlichen Richtlinien und Wertvorstellungen, mit Moral und Ethik" in Einklang bringen. In der Literatur und in der Praxis differiert die Beschreibung von ‚Compliance', eine trennscharfe Definition existiert nicht. In Deutschland sei nach Quentmeier das Finanzwesen Vorreiter bei der Einrichtung von Compliance-Abteilungen. Ein Themenschwerpunkt sei hier die „Überwachung bzw. Verhinderung von kriminellen Handlungen wie Betrug bei Finanzaktionen, Datenschutz, Insiderhandel, Geldwäsche, Marktmissbrauch, Vermeidung von Interessenkonflikten und vieles mehr" (Quentmeier 2012, S. 11–13). Heute sind die Compliance-Aufgaben im Finanzsektor aufgrund der internationalen Ausrichtung und der weltweiten Zusammenarbeit zwischen den agierenden Unternehmen deutlich gewachsen. Aus den von Grüneich und Lamberti genannten strategischen Herausforderungen im IT-Management der Banken zeigt sich, dass Finanzdienstleistungsprodukte im Grunde Informationsprodukte sind, die entweder mithilfe der IT abgewickelt oder mit Informationen auf Basis der IT bewertet werden (Burger und Hagen 2008, S. 9–16). Dr. Gößmann leitet den Unternehmensbereich Recht und Group Compliance der HSH Nordbank AG in Hamburg. Er skizziert einen „rasanten Bedeutungswandel" der Compliance, welche sich stark auf den amerikanischen Sarbanes Oxley Act („SOX": US-Bundesgesetz zur Berichterstattung von Unternehmen) zurückführen ließe. Zusätzlich hätten aber auch die europäischen Entwicklungen, wie MiFID (Markets in Financial Instruments Directive; Richtlinie über Märkte für Finanzinstrumente), bzw. das FRUG (Finanzmarktrichtlinie-Umsetzungsgesetz), die Dritte Geldwäscherichtlinie und die Embargovorschriften und Finanzsanktionen zu einer immer komplexeren Compliance beigetragen. Er prognostiziert darüber hinaus zusätzliche Regularien aufgrund der „Vorstellungen der Politik über die aufsichtsrechtliche Bewältigung der Finanzmarktkrise" („Verbraucherschutz im Kreditgeschäft, Compliance in der Kreditwirtschaft" 2009, S. 181–227). Abbildung 2.5 zeigt eine von dem Wirtschaftsrechtler Prof. Dr. Müller-Michaels erstellte Mindmap zum Thema Compliance. In ihr wird die Komplexität des Themas deutlich sichtbar. Auf der linken Seite der Abb. 2.5 werden die nationalen und internationalen Vorgaben genannt, die den Inhalt der Compliance er-

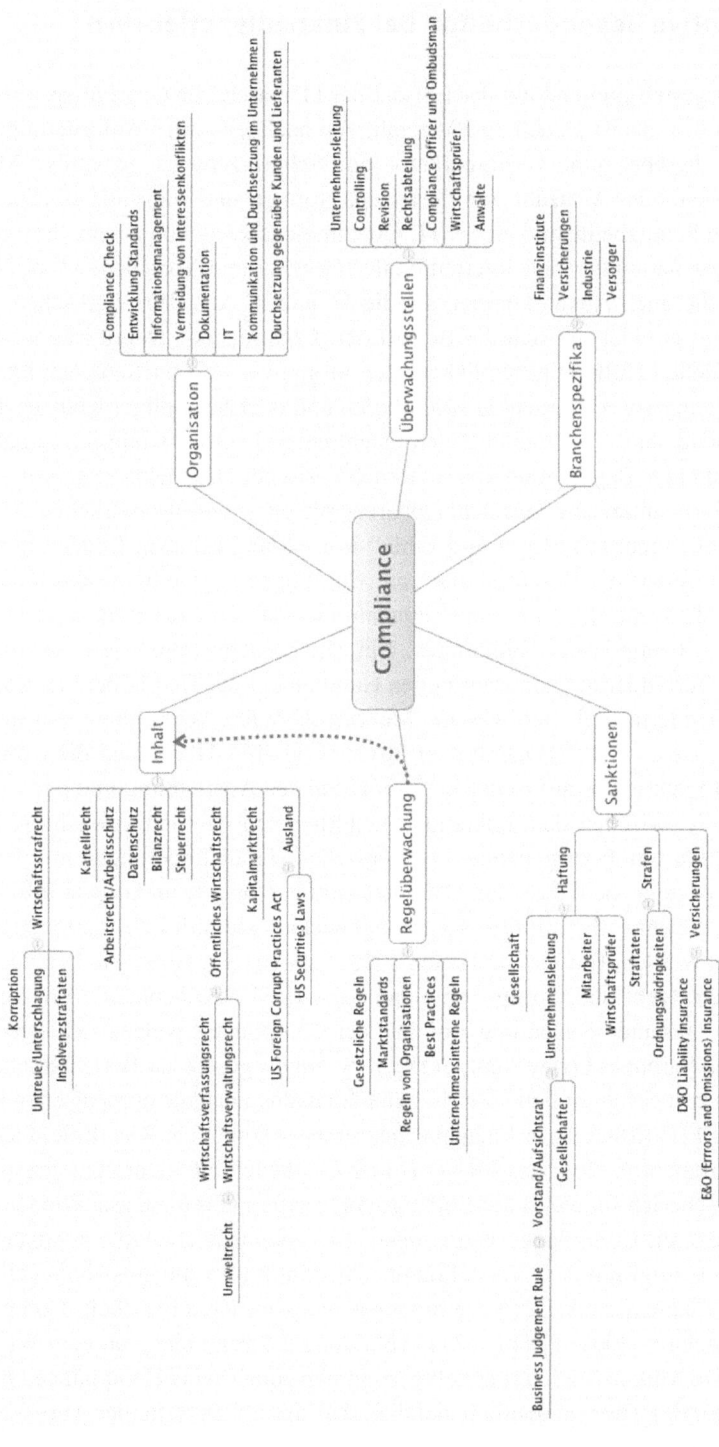

Abb. 2.5 Mindmap „Compliance". (Quelle: Müller-Michaels 2012, S. 1)

geben. Auf diesen Inhalt beziehen sich verschiedene Regeln und Standards, die der Regelüberwachung dienen. Regelverstöße wiederum können Sanktionen nach sich ziehen, die ganz unterschiedliche Bereiche innerhalb und außerhalb eines Unternehmens betreffen können. Auf der rechten Seite der Abb. 2.5 wird dargestellt, was organisatorisch zur Aufrechterhaltung der Compliance notwendig ist und welche Bereiche für die Überwachung zuständig sind. Außerdem werden die Wirtschaftszweige aufgezählt, für die eigene Branchenspezifika gelten.

Die IT eines Unternehmens ist sowohl ein zu überwachender Bestandteil, als auch Hilfsmittel zur Gewährleistung der Compliance. Der Anteil der Wertschöpfung der IT am Unternehmenserfolg lässt sich auch in diesem Zusammenhang nur schwer monetär oder anteilig darstellen. Sehr viel deutlicher lassen sich aber in dem stark auf Wissen und Information beruhenden Geschäftsprinzip des Finanzsektors die möglichen Auswirkungen unterlassener oder mangelhafter Compliance, zum Beispiel aufgrund ungenügender Informationsbeschaffung oder -aufbereitung durch die IT erkennen. Gößmann zeigt an der Finanzmarktstabilisierungs-Verordnung vom 20.10.2008 beispielhaft auf, wie ausdifferenziert Complianceregeln inzwischen sind und wie stark diese im täglichen „operativen Geschäft Einfluss auf aufbau- und ablauforganisatorische Entscheidungen nehmen". In § 5 wird der SoFFin (Sonderfonds Finanzmarktstabilisierung) erlaubt, „Einfluss auf die Geschäftspolitik zu nehmen und die Kreditvergaberichtlinien daraufhin zu überprüfen, ob eine ausreichende Versorgung von KMU (kleine und mittelständische Unternehmen) sichergestellt ist und welchen Anreiz das Vergütungssystem schafft (und ob sie aus der Sicht des Fonds die richtigen sind)" (Verbraucherschutz im Kreditgeschäft, Compliance in der Kreditwirtschaft 2009, S. 181–227). Gößmann verdeutlicht nicht nur die Auswirkungen der Compliance auf das operative Geschäft und die strategische Ausrichtung, sondern betont auch die daraus resultierende persönliche Haftbarkeit der Vorstände und Aufsichtsräte.

> Basel II, genauer: Basler Ausschuss für Bankenaufsicht, [...] macht deutlich, dass Compliance kein freischwebendes Prinzip, kein apersonaler Legitimitätsappell, keine fernliegende Vision ist, sondern Teil des Aufsichtsrechts und Teil der Aufsichtspraxis der Behörden. [...] die Präambel des Papiers lässt keinen Zweifel an der zu erwartenden Härte der Aufsichtsbehörden: ‚Banking supervisors must be satisfied that effective compliance policies and procedures are followed and that management takes appropriate corrective action when compliance failures are identified.' (Verbraucherschutz im Kreditgeschäft, Compliance in der Kreditwirtschaft 2009, S. 182)

Eine Folge hieraus sind zusätzliche Anforderungen an die IT, welche sich auch auf die IT-Budgets auswirken. Die reine Unterstützung der Geschäftsprozesse ist nicht mehr ausreichend, vielmehr müssen Informationen archiviert, Wissen dokumentiert und Prozesse nachgewiesen werden. Die Pflicht zur Aufbewahrung bestimmter Daten erhöht unter anderem den Bedarf an Speicherplatz erheblich, Dokumentationspflichten verlängern die Prozessdurchlaufzeiten beispielsweise bei der Gewährung von IT-Zugriffsberechtigungen.

Das „Hey, Joe!"–Prinzip, also die Beauftragung von IT-Leistungen durch Zuruf, ist schriftlichen Aufträgen, die teilweise durch mehrere Instanzen genehmigt werden müssen, gewichen. Mai stellt bei einem Vergleich der IT-Kosten fest, dass im Bankensektor durchschnittlich 7,3 % der Einnahmen in die IT-Budgets fließen, während alle anderen untersuchten Industriezweige einen Anteil von nur 3,7 % verwenden. Die Gründe für die stärkere Nutzung der IT im Finanzsektor seien zwar vielfältig, eine wichtige Komponente jedoch die Erfüllung regulativer Anforderungen, welche ihrerseits nicht zum Unternehmensgewinn beitragen würden (Heike Mai 2012, S. 1). Die Bedeutung von und die Tätigkeiten in der IT haben sich über die reine Unterstützung von Geschäfts- und Produktionsprozessen hinaus verändert und teilweise ein Eigenleben entwickelt, welches für jeden unterstützten Geschäftsprozess eine Reihe von begleitenden regulativen, überwachenden oder protektiven Maßnahmen fordert. Konnte eingangs festgestellt werden, dass mangelhafte oder fehlende IT massive Wettbewerbsnachteile bedeutet, so kann nun ergänzt werden, dass zumindest der Finanzsektor ohne IT überhaupt nicht existieren kann. Aufgrund der besonders intensiven IT-Nutzung und der damit zusätzlich verbundenen Compliance-Anforderungen im Finanzsektor macht sich effizientes IT-Management umso deutlicher bemerkbar. Mai bestätigt in ihrer Untersuchung Sai Goplan, wonach die Banken mit den besten Geschäftsergebnissen geringere IT-Ausgaben haben, als deren Mitbewerber:

> Amazingly, the top performing institutions derived the greatest business efficiency from a level of IT spending below that of their peers. (Heike Mai 2012, S. 6)

Literatur

Burger, C., & Hagen, J. U. (Hrsg.). (2008). *Strukturumbruch in der Finanzdienstleistungsindustrie: Prozessänderungen als Chance für neue Strategien und Konzepte in Banken*. Wiesbaden: Betriebswirtschaftlicher Verlag Dr. Th. Gabler/GWV Fachverlage GmbH Wiesbaden.

ca technologies. (2012). *Future role of the CIO: Digital literacy amongst senior executives*. http://www.ca.com/us/~/media/files/industryresearch/digital-literacy-amongst-senior-executives-wp.aspx. Zugegriffen: 28. Dez. 2012.

Carr, N. G. (2003). *IT doesn't matter*. Harvard Graduate School of Business Administration. http://www.uio.no/studier/emner/matnat/ifi/INF5210/h04/pensum/it_doesntmatter.pdf. Zugegriffen: 6. Jan. 2013.

Cone, E. (2006). *Morgan Stanley: Trading sideways: Case studies*. http://www.cioinsight.com/c/a/Case-Studies/Morgan-Stanley-Trading-Sideways/. Zugegriffen: 6. Jan. 2013.

Erdmann, G., Popp, H., & Tolksdorf, M. (2006). Betriebswirtschaft, Volkswirtschaft: Grundlegende Qualifikationen (4th ed.). Karlsruhe: Verl. Versicherungswirtschaft.

Heike Mai. (2012). *IT in banks: What does it cost?: High IT costs call for an eye on efficiency*. http://www.dbresearch.de/PROD/DBR_INTERNET_DE-PROD/PROD0000000000299039/IT+in+banks%3A++What+does+it+cost%3F+High+IT+costs+call+for+an+eye+on+efficiency.pdf;jsessionid=0C5EC0C2031091CD26DDD701E55FD5DA.srv-net-dbr-de. Zugegriffen: 27. Dez. 2012.

van Kanika Bahadur, D. D. E. B. (2006). *Smart IT spending: Insights from European banks: Those that get the most value from information technology might be the ones that spend the least on it*.

Literatur

http://mkqpreview1.qdweb.net/Smart_IT_spending_Insights_from_European_banks_1698. Zugegriffen: 27. Dez. 2012.

Laudon, K. C., Laudon, J. P., & Schoder, D. (2010). *Wirtschaftsinformatik: Eine Einführung* (2. Aufl.). München: Pearson Deutschland. http://ebooks.pearson-studium.de/9783827373489. Zugegriffen: 6. April 2013.

Mauch, C. (2006). *Handbuch IT-management* (1. Aufl., Bd. 26). München: TCW Transfer-Centrum.

Mauch, C., & Wildemann, H. (2007). *Wettbewerbsfaktor IT: Wege zur erfolgreichen IT-Gestaltung; Ergebnisse einer empirischen Untersuchung* (1. Aufl.). München: TCW Transfer-Centrum.

Müller-Michaels, O. (2012). *Minmap compliance*. http://www.verschmelzungsbericht.de/2009/05/12/mindmap-compliance/. Zugegriffen: 3. Juli 2013.

Quentmeier, H. (2012). *Praxishandbuch Compliance: Grundlagen, Ziele und Praxistipps für Nicht-Juristen*. Wiesbaden: Gabler Verlag.

Rechenberg, P., & Pomberger, G. (1999). *Informatik-Handbuch* (2. Aufl.). München: Hanser.

Sai Gopalan, G. J. G. K. J. T. (2012). *Breakthrough IT banking*. http://www.google.de/url?sa=t&rct=j&q=breakthrough%20it%20banking&source=web&cd=1&cad=rja&ved=0CDMQFjAA&url=http%3A%2F%2Fwww.mckinsey.com%2F~%2Fmedia%2Fmckinsey%2Fdotcom%2Fclient_service%2FBTO%2FPDF%2FMOBT26_Breakthrough_IT_banking.ashx&ei=vW_dUJ3PAofcsgbQ9IGoDQ&usg=AFQjCNELkAIzmMyUpxdB7cCwK8bp5wi1UQ&bvm=bv.1355534169,d.Yms. Zugegriffen: 28. Dez. 2012.

statista. (2010). *IT Budgets als Anteil am Umsatz nach Branchen im Jahr 2008*. http://de.statista.com/statistik/daten/studie/75779/umfrage/it-budgets-als-anteil-am-umsatz-nach-branchen-im-jahr-2008/. Zugegriffen: 2. Juli 2013.

statista. (2012a). *Anteil der Smartphone-Nutzer an allen Mobiltelefonbesitzern in Deutschland von Januar 2010 bis Oktober 2012*. http://statista.de/statistik/daten/studie/237079/umfrage/anteil-der-smartphone-nutzer-an-allen-mobilfunknutzern-in-deutschland/. Zugegriffen: 12. Feb. 2013.

statista. (2012b). *Anteile der meistgenutzten Betriebssysteme in Europa im August 2009 und 2010*. http://statista.de/statistik/daten/studie/169610/umfrage/marktanteile-der-meistgenutzten-betriebssysteme-in-europa/. Zugegriffen: 2. Juli 2013.

statista. (2012c). *Statista-Dossier zu Betriebssystemen*. http://de.statista.com/statistik/studie/id/7586/dokument/betriebssysteme–statista-dossier-2012/. Zugegriffen: 12. Feb. 2013.

Verbraucherschutz im Kreditgeschäft, Compliance in der Kreditwirtschaft. (2009). Berlin: de Gruyter Recht. http://www.amazon.de/Verbraucherschutz-Kreditgesch%C3%A4ft-Compliance-Kreditwirtschaft-Bankrechtlichen/dp/3899495284/ref=sr_1_1?ie=UTF8&qid=1417936013&sr=8-1&keywords=9783899495287

Referenzmodelle des IT-Management   3

3.1 Abstract des Kapitels „Referenzmodelle des IT-Managements"

Die etablierten Managementframeworks CMMI, CObIT, ISO 20000 und ITIL sind in Unternehmen selten gemeinsam vertreten. CMMI wurde 1987 eingeführt und legt seinen Fokus auf Entwicklungsprojekte, IT-Beschaffung und Dienstleistungsmanagement. Es stellt kein Prozess- oder Workflow-Modell dar, sondern beschreibt Ziele, mit denen der Reifegrad eines Prozesses gemessen werden kann. CObIT wurde 1993 entwickelt und legt seinen Schwerpunkt auf die Bewertung und Optimierung der Governance in der IT, also der Sicherstellung der Einhaltung gesetzlicher und unternehmensintern definierter Anforderungen. CObIT versteht sich als Bindeglied zwischen Business und IT und legt seinen Fokus in den einzelnen Themenbereichen auf die Interessen des Unternehmens. Zur konkreten Umsetzung bedient es sich des ITIL-Frameworks. ISO 20000 ist seit 2005 der internationale Qualitätsstandard für das IT-Service-Management. Er ist an den Prozessbeschreibungen von ITIL ausgerichtet.

Das 1998 veröffentliche ITIL stellt den derzeitigen De-facto-Standard unter den Managementframeworks dar. Es ist eine Sammlung von Best Practices für Management und Erbringung von IT-Services inkl. zugehöriger Komponenten, Prozesse und Personen. ITIL beschreibt den kompletten Lebenszyklus eines Service und unterteilt diesen in die Teilkomponenten Strategy, Design, Transition, Operation und Continual Service Improvement. Im Bereich Service Strategy wird die grundsätzliche strategische Ausrichtung eines Service vorgenommen. Hier wird beispielsweise die Marktdefinition erstellt und der zukünftige Service anhand von Utility, also den neuen Funktionen oder Verbesserung des laufenden Betriebs, und Warranty, das heißt den Anforderungen an zum Beispiel Verfügbarkeit und Sicherheit, ausgearbeitet. Des Weiteren finden in dieser Phase die Entwicklung strategischer Vermögenswerte und die Vorbereitung zur Umsetzung statt. Service Design findet in enger Kooperation mit dem Kunden statt und kümmert sich um die Ausgestaltung des neuen oder veränderten Prozesses. Er bietet Leitfäden zu Entwicklung und Management von Services an. Der Bereich Service Design ist auch zuständig für die konsistente Pflege des Service Catalogue, der die wichtigsten Informationen über die der aktuell bereitgestellten Services enthält. In der Phase Service Transition wird der Service für den Betrieb vorbereitet. Hier wird der Service erstellt, getestet und validiert sowie das Änderungsmanagement erarbeitet. Die Lebenszyklen der eingesetzten Soft- und Hardware werden geprüft und die Erstellung des neuen oder geänderten Service anhand von Betriebshandbüchern, Troubleshooting-Anleitungen und OLAs (Operational Level Agreement) dokumentiert. Im Bereich Service Operation findet die tatsächliche Inbetriebnahme statt. Es werden konkrete Prozesse für die Bearbeitung von Problemen mit dem Service erstellt, zum Beispiel durch Aufbau oder Erweiterung eines Service Desks. Ein wichtiger Bestandteil von ITIL ist die Zusammenarbeit der einzelnen Service Phasen. Jeder Mitarbeiter soll über Sinn und Ziel eines neuen Service informiert sein, Wissen und Ressourcen für die heikle Phase der Erstinbetriebnahme zur Verfügung stehen und die Realisierung der ursprünglich geplant Ziele und Einhaltung der vereinbarten Verfügbarkeiten und Leistungsmerkmale kontrolliert werden. All diese Service-Phasen umspannt als ständige Kontroll- und Verbesserungsinstanz das Continual Service Improvement. Dabei existiert für jeden Service ein spezifischer Ansprechpartner, dessen Aufgabe es ist, Änderungen in den externen Rahmenbedingen zum Beispiel Gesetze oder Kundenanforderungen zu erkennen, sowie interne Treiber wie organisatorische Strukturen und Kapazitätsengpässe zu überblicken. Der Service unterliegt so einer ständigen Kontrolle und kann rasch an geänderte Situationen angepasst werden.

3.2 CMMI, CObIT und ISO 20000

Als Grundlage zur Standardisierung von IT-Prozessen dienen nach Hochstein/Brenner die Frameworks CMMI für Entwicklungsprojekte, ITIL für das IT-Servicemanagement und CObIT für IT-Governance (Hochstein und Brenner 2007, S. 1). Nach Disterer ist die Umsetzung eines Frameworks in gewachsene Strukturen schwierig und zeitaufwändig, wodurch die gleichzeitige Anwendung verschiedener Frameworks in der Praxis eher selten vorzufinden ist (Disterer 2007, S. 1). Eine Umfrage von MATERNA bestätigt diese Wahrnehmung und ergänzt sie um den Wunsch der Unternehmen nach außenwirksamen Erfolgen, wie etwa durch eine Zertifizierung gem. ISO 20000 (MATERNA 2010, S. 1).

Das Capability Maturity Model Integration (CMMI) hilft, Entwicklungsaufgaben effizienter und effektiver zu erledigen (Malte Foegen 2007, S. 1). CMMI wurde 1987 eingeführt und war ein Projekt beim Software Engineering Institute, einem Forschungszentrum an der Carnegie-Mellon-Universität (Pittsburgh), welches vom US-Verteidigungsministerium gegründet und finanziert wurde. Microsoft beschreibt CMMI als ein Modell für Risikomanagement, welches die Fähigkeit einer Organisation zum Verwalten von Risiken misst und als „Prozessreife" darstellt. Dabei ist zu beachten, dass CMMI kein Prozess- oder Workflowmodell ist, sondern lediglich Ziele bereitstellt, die durch Prozesse und Workflows erreicht werden sollen (Microsoft 2010, S. 1). Der Reifegrad eines Prozesses

3.2 CMMI, CObIT und ISO 20000

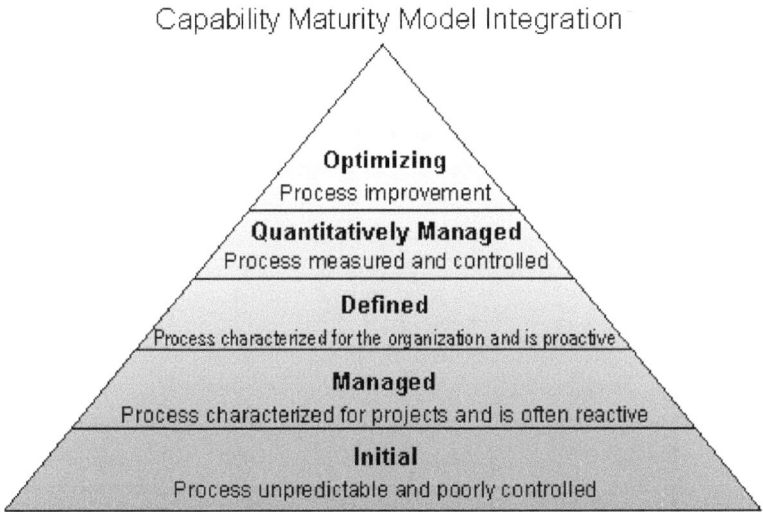

Abb. 3.1 Reifegradmodell der CMMI. (Quelle: 12Manage B. V. 2013, S. 1)

ist bei CMMI in fünf Stufen aufgeteilt, welche in Abb. 3.1 dargestellt werden. In der ersten, untersten Stufe läuft der Prozess eher unkontrolliert und zufällig. In der zweiten Stufe ist der Prozess zumindest bewusst gesteuert, erfolgt zumeist aber nur reaktiv auf externe Anforderungen und ist häufig in Projektumgebungen zu finden. Die dritte Stufe beschreibt definierte, wiederholbare und oft proaktive Prozesse, welche in der vierten Stufe durch ein Qualitätsmanagement überwacht werden. In der fünften, höchsten Stufe ist der Prozess stabil und durchläuft bereits Verbesserungsmechanismen.

Control Objectives for Information and Related Technology (CObIT) ist ein Framework zur IT-Governance, also zur Sicherstellung der Einhaltung gesetzlicher und unternehmensintern definierter Anforderungen. CObIT wurde 1993 vom internationalen Verband der IT-Prüfer namens ISACA (Information Systems Audit and Control Association) entwickelt. Die CObIT stellt das Bindeglied zwischen den unternehmensweiten Kontrollanforderungen, den IT-spezifischen Modellen und dem Risikomanagement dar (ISACA 2012, S. 1). Abbildung 3.2 gibt einen Überblick über diese Anforderungen sowohl auf Business- als auch auf IT-Seite, die durch CObIT verbunden werden. Bei den Abkürzungen in Abb. 3.2 handelt es sich um diverse Institutionen und Frameworks zu betriebswirtschaftlichen oder informationstechnischen Vorgängen. Sie dienen nur der Darstellung von COBIT als Bindeglied und werden daher nicht näher erläutert.

ISO 20000 geht auf den British Standard BS15000 zurück, wurde 2005 in die ISO 20000 überführt und dient als messbarer Qualitätsstandard für das IT Service Management. ISO 20000 ist an den Prozessbeschreibungen von ITIL ausgerichtet, ergänzt diese komplementär und ist ein zertifizierter Nachweis für alle Unternehmen, die IT Services für interne oder externe Kunden erbringen (Glenfis AG 2012, S. 1). Während ISO/IEC 20000 einen Standard, also eine offizielle, durch die Internationale Organisation für Normung (ISO) verabschiedete Norm darstellt, gilt ITIL als ein sogenannter De-facto-Standard.

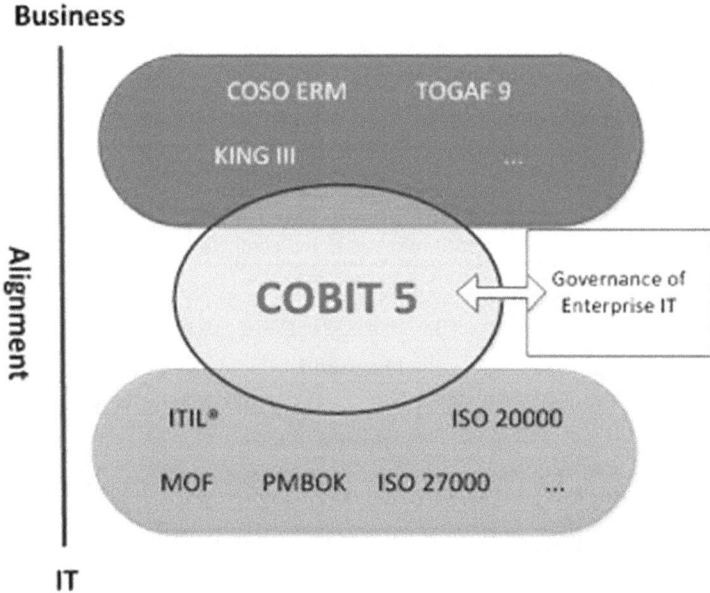

Abb. 3.2 COBIT als Bindeglied zwischen Business und IT. (Quelle: cobit5 2012, S. 1)

De-facto-Standards werden im deutschen Sprachraum häufig auch Industriestandards genannt und sind von Industrieunternehmen definierte Regelwerke, die im Laufe der Zeit eine hohe Verbreitung und Akzeptanz gefunden haben, ohne aber ein internationales Normungsverfahren durchlaufen zu haben. ITIL bietet somit einen allgemein anerkannten „body of knowledge", der wiederum (ganz oder in Teilen) verwendet werden kann, um die Anforderungen des ISO-Standards zu erfüllen (Munich Institute for IT Service Management 2013, S. 1). Abbildung 3.3 veranschaulicht den Zusammenhang zwischen ITIL und

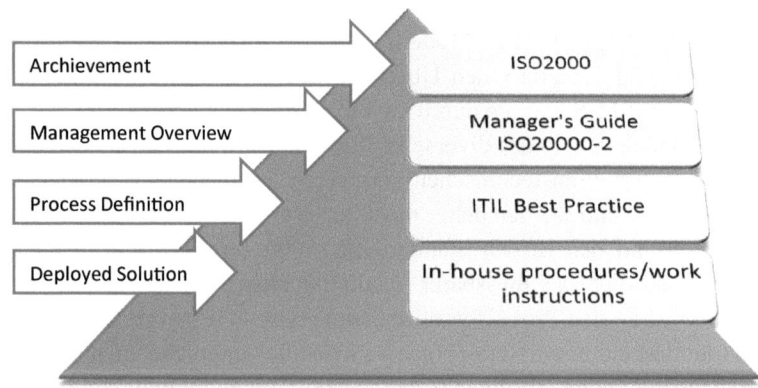

Abb. 3.3 Darstellung der Beziehung zwischen ITIL und ISO 20000. (Quelle: IT Service Strategy 2012, S. 1)

3.2 CMMI, CObIT und ISO 20000

Tab. 3.1 Übersicht des Fokus von ITIL, CMMI und CObIT. (Quelle: eigene Darstellung)

ITIL	CMMI	CObIT
Ursprünglich:	*Ursprünglich:*	*Ursprünglich:*
Verbesserung und Vergleichbarkeit von IT-Infrastrukturen	Bewertung von Softwareentwicklungsprozessen von Lieferanten	Bewertungsrahmen für IT-Management hinsichtlich IT-Prüfung/-Revision
Heute:	*Heute:*	*Heute:*
Best-Practices für Management und Erbringung von IT-Services inkl. zugehöriger Komponenten, Prozesse, Personen	Bewertung und Prozessverbesserung für Beschaffung und Zukauf, Entwicklung sowie Dienstleistungsmanagement	Bewertung und Optimierung der Prozesse und Leitlinien für business-orientiertes und richtlinienkonformes IT-Management

ISO 20000. Auf der Basis der hausinternen Prozeduren und Arbeitsanweisungen werden nach ITIL Prozesse definiert und dienen dann als Grundlage für eine Zertifizierung nach ISO 20000.

Nach Stawinski deckt auch CObIT einen Bereich des IT-Managements ab, welcher die Entwicklung und Etablierung von Entscheidungs- und Überwachungsstrukturen umfasst. CObIT integriere daher sowohl ITIL, als auch CMMI. CObIT ist mehr an der Oberfläche und konkretisiere mithilfe von ITIL und CMMI (Stawinski 2011, S. 54–57). Der Herausgeber der ITIL-Publikationen ist nicht minder selbstbewusst und proklamiert ITIL als weltweit am häufigsten genutztes IT-Management-Framework:

> ITIL is the most widely accepted approach to IT service management in the world. ITIL provides a cohesive set of best practice, drawn from the public and private sectors internationally. (APM Group Ltd 2013, S. 1)

Tabelle 3.1 fasst den jeweiligen Fokus der verschiedenen Frameworks zusammen.

Ein Vergleich der adressierten Themen der vorgestellten Managementframeworks zeigt, dass ITIL stark auf Services ausgerichtet ist. Die verschiedenen Themen beschreiben dabei den Lebenszyklus eines Service und gehen ineinander über. Abbildung 3.4 zeigt die aufeinander aufbauenden Disziplinen bei ITIL: Service Strategy (Strategie), Service Design (Design), Service Transition (Überführung), Service Operation (Operativ) und Continual Service Improvement (Verbesserung).

CMMI teilt sich hingegen in verschiedene Aspekte auf und befasst sich stärker mit dem Projektmanagement der verschiedenen Aspekte. Konkret betrachtet CMMI die Aspekte der Entwicklung von Softwareprodukten und Softwareservices (CMMI-DEV), die Beschaffung von Produkten und Services (CMMI-ACQ) und den Betrieb, das Management und die Auslieferung von Services (CMMI-SVC), wie in Abb. 3.5 dargestellt. Diese Aspekte werden in die Kategorien Prozessreife, also den Grad der fehlerfreien Wiederholbarkeit, und Prozesstiefe, also die Ausgestaltung eines Prozesses, unterteilt (DQS Certification India Private Limited 2012, S. 1).

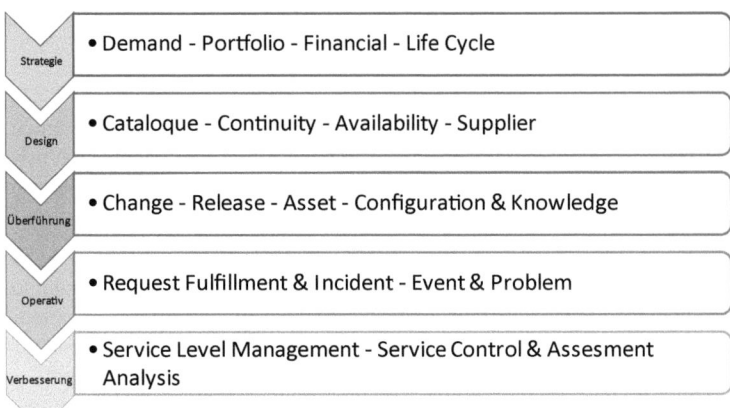

Abb. 3.4 Darstellung der ITILv3 Themen. (Quelle: eigene Darstellung in Anlehnung an Glenfis AG 2013, S. 1)

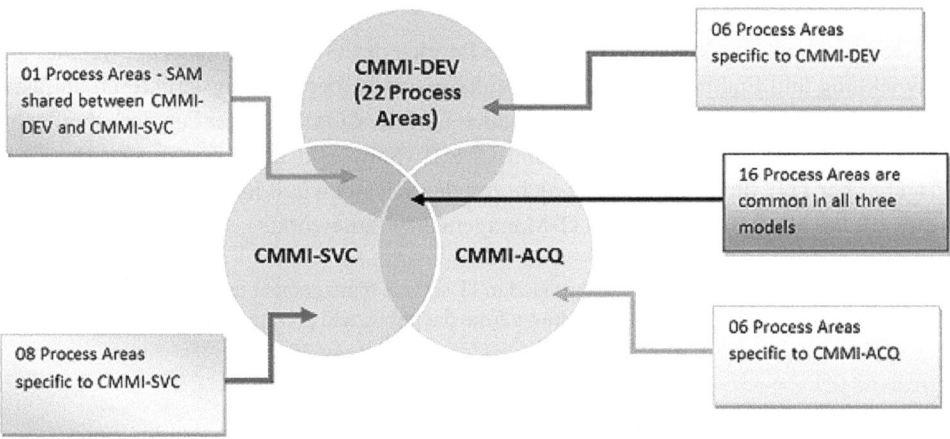

Abb. 3.5 Zusammenhang der CMMI-Aspekte. (Quelle: DQS Certification India Private Limited 2012, S. 1)

Im Gegensatz zu CMMI erinnern bei CObIT die Themenbereiche wie bereits erwähnt wieder stärker an ITIL. Sie nennen sich Plan & Organize, Acquire & Implement, Deliver & Support, sowie Monitor & Evaluate. Dabei stellt CObIT aber nur den Bewertungsrahmen dar und bedient sich zur konkreten Umsetzung des ITIL-Frameworks. CObIT fokussiert dabei jedoch stärker als ITIL das Business. Dies wird in Abb. 3.6 deutlich, die die Prinzipien von CObIT darstellt. Beispielsweise wird unter Punkt 3 „Business and Context Focussed" deutlich, dass der Bezug auf den Unternehmenszielen fußt und immer in diesem Kontext bewertet werden muss. Der Punkt 4 „Enabler Based" unterstreicht das Selbstverständnis der IT, das Erreichen von Unternehmensziele zu unterstützen und nicht ablehnend oder verständnislos auf Wünsche der Fachabteilungen zu reagieren.

Tabelle 3.2 zeigt die Bestandteile der Frameworks im Überblick.

3.2 CMMI, CObIT und ISO 20000

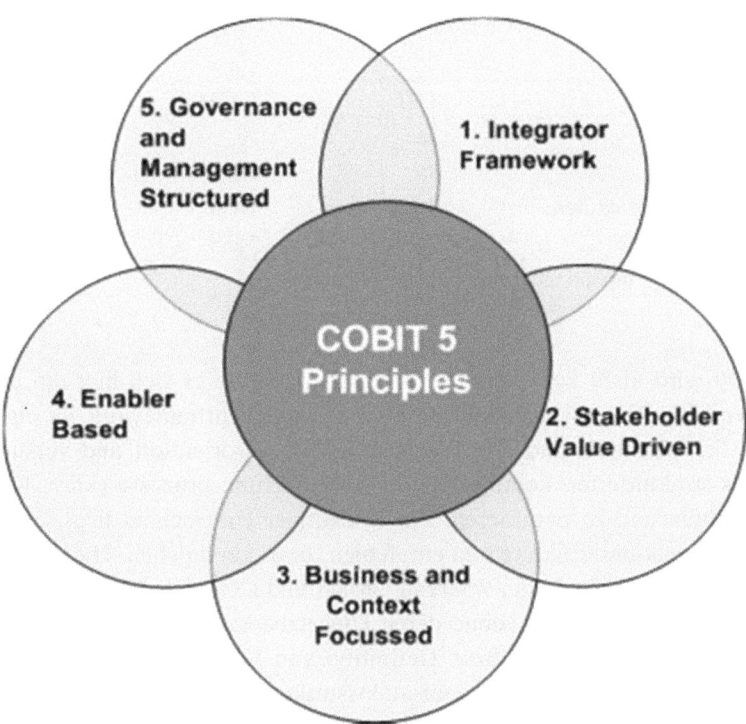

Abb. 3.6 COBIT5-Prinzipien. (Quelle: Qualified Advice Partners 2013, S. 1)

Tab. 3.2 Überblick über die Bestandteile von ITIL, CMMI und CObIT. (Quelle: eigene Darstellung)

ITIL	Service Strategy
	Service Design
	Service Transition
	Service Operation
	Continual Service Improvement
CMMI	Project Management
	Process Management
	Support
CObIT	Plan & Organize
	Acquire & Implement
	Deliver & Support
	Monitor & Evaluate

Tab. 3.3 Vergleich der Bestandteile und Hilfestellungen von ITIL, CMMI und CObIT. (Quelle: eigene Darstellung)

	ITIL	CMMI	CObIT
Prozessorientierung	Ja	Ja	Ja
KVP	Ja	Ja	Ja
Liefert Organisationsstrukturen	Ja	Nein	Nein
Benennt Verantwortliche	Ja	Nein	Ja
Qualitätsmessung der Implementierung	Nein	Ja	Ja

ISO 20000 wird nicht zum Vergleich hinzugezogen, da es sich hier um eine Zertifizierung der ITIL-Prozesse handelt und kein Managementframework im eigentlichen Sinne darstellt. Inhaltlich sind alle Frameworks prozessorientiert und versuchen sich selbst mittels strukturierter, kontinuierlicher Verbesserungsprozesse (kurz: KVP) ständig zu überprüfen und zu optimieren. Ein eindeutiger Unterschied liegt jedoch in der Fähigkeit, Organisationsstrukturen zu empfehlen, bzw. vorzugeben. Hierzu ist ITIL als einziges Framework in der Lage, während CMMI und CObIT lediglich Einzelprozesse darstellen oder Ziele vorgeben, ohne deren Umsetzbarkeit näher zu beschreiben. Die Nennung von Verantwortlichen, bzw. Definition von Verantwortlichkeitsrollen ist bei ITIL aufgrund der vorgegebenen Organisationsstruktur ebenfalls stark ausgeprägt. CObIT gibt ebenfalls Verantwortlichkeiten vor, CMMI allerdings nicht. Eine Messung der Qualität der implementierten Prozesse bietet ITIL im Gegensatz zu CMMI und CObIT hingegen nicht. Der Erfolg oder Misserfolg einer ITIL-Implementierung lässt sich nur indirekt mittels eines Vorher/Nachher-Vergleiches wesentlicher Performanceindikatoren feststellen.

Tabelle 3.3 fasst die genannten Eigenschaften der drei Frameworks zusammen.

Wie eingangs erwähnt, ist die gleichzeitige Verwendung mehrerer Frameworks in der Praxis aufgrund des hohen Implementierungsaufwandes eher selten anzufinden. Wie aus dem vorangegangenen Vergleich der etablierten Frameworks ersichtlich ist, ist ITIL ein weltweit eingesetztes operatives Managementframework. Die anderen vorgestellten Frameworks adressieren hingegen eher strategische oder verwaltende Bereiche. Daher wird im nachfolgenden Kapitel ITIL detaillierter erklärt und seine Eignung zur Etablierung einer effizienten und effektiven IT dargestellt.

3.3 ITIL

ITIL wurde zwischen 1989 und 1998 im Auftrag der britischen Regierung entwickelt, um alle Rechenzentren der englischen Regierung mit einheitlichen Prozessen zu versehen und damit einen vergleichbaren Betrieb sicherzustellen. Seit dieser ersten Publikation wurde ITIL kontinuierlich weiterentwickelt und liegt seit 2005 in der Version 3 vor. Am

29.07.2011 wurde eine Aktualisierung unter dem Titel „ITIL 2011 Edition" veröffentlicht (Glenfis AG 2013, S. 1). Die Version „ITIL 2011 Edition" hat in der deutschsprachigen Literatur bis heute noch keinen Einzug gehalten und findet auch noch keine Anwendung für die Zertifizierungsprüfung zum „ITIL Expert". Im Gegensatz zur Aktualisierung von Version 2 auf Version 3, bei der weitgreifende Anpassungen in den Kernpublikationen vorgenommen wurden, sind die Unterschiede zwischen der Version 3 aus 2005 und der Version „ITIL 2011 Edition" hingegen nicht so deutlich ausgeprägt. Sie beinhalten neben redaktionellen Verbesserungen und Klarstellungen überwiegend Verbesserungen in den einzelnen Prozessen, ohne jedoch die Kernaussagen und Zusammenhänge zu verändern (Crown 2011, S. 1–8). Aus diesen Gründen wird auf eine genaue Versionszuordnung, bzw. Unterscheidung der Version 3 und der Version 2011 in der nachfolgenden Beschreibung verzichtet.

ITIL gliedert sich in verschiedene Phasen. Die Service Strategy bildet den Kern und legt die grundsätzliche, strategische Ausrichtung fest. Zur Umsetzung dieser Service Strategy hin zu einem operativen Prozess wird der neue oder geänderte Prozess ausgestaltet (Phase des Service Design), für den Betrieb vorbereitet (Phase der Service Transition) und dann in Betrieb genommen (Service Operation). Flankiert werden diese Phasen durch Prozesse zur kontinuierlichen Verbesserung. Die genannten Kernpublikationen werden zusätzlich durch weitere Hilfsmittel und Tools ergänzt. Hierzu zählen beispielsweise Case Studies, Templates oder Executive Introduction.

Die Kernpublikationen von ITIL betrachten immer die „Services", also die Dienstleistung der IT. Sie sieht die IT als Dienstleister, der diese „Services" einem internen oder externen Kunden erbringt. Diese Services umfassen dabei nicht nur den fertigen Prozess oder die fertige Funktion, sondern vielmehr den kompletten Lebenszyklus einer Dienstleistung. Dieser Lebenszyklus beginnt mit der „Service Strategy", also dem strategischen und konzeptionellen Entwurf einer IT-Dienstleistung. An dieser Stelle des Lebenszyklus wird auch bewusst die Frage gestellt, ob aus Kostensicht bzw. aus betrieblichen Aspekten die Einführung der Dienstleistung überhaupt sinnvoll erscheint und wie sich die neue Dienstleistung in das vorhandene Portfolio integrieren würde (van Bon 2010, S. 15–18). ITIL definiert vier wesentliche Aktivitäten in der Phase der Service Strategy. Die erste Aktivität dient der Marktdefinition und prüft, für wen der neue Service interessant sein könnte. Die zweite Aktivität entwickelt dann ein konkretes Angebot, basierend auf Utility und Warranty. Unter Utility versteht ITIL die Beschreibung, was der Service entweder an neuen oder geänderten Funktionalitäten erbringt oder welche Hemmnisse für den Geschäftsbetrieb beseitigt werden. Mit Warranty werden die Anforderungen an Verfügbarkeit, Kapazität, Kontinuität und Sicherheit bezeichnet. Dabei unterscheidet man zusätzlich bereits vorhandene Services, die im sogenannten Service Portfolio Katalog verzeichnet sind und in der Entwicklung befindliche Services, den sogenannten Service Pipeline Katalog. Die dritte Aktivität umfasst die Aspekte der Entwicklung strategischer Vermögenswerte, die nicht nur Hard- und Software, sondern auch die Ressourcen und Fähigkeiten der IT-Organisation beinhalten. Die vierte und letzte Aktivität umfasst dann die Vorbereitungsmaßnahmen zur Umsetzung der Strategie. Sie basiert auf der Lücke zwischen den bereits heute

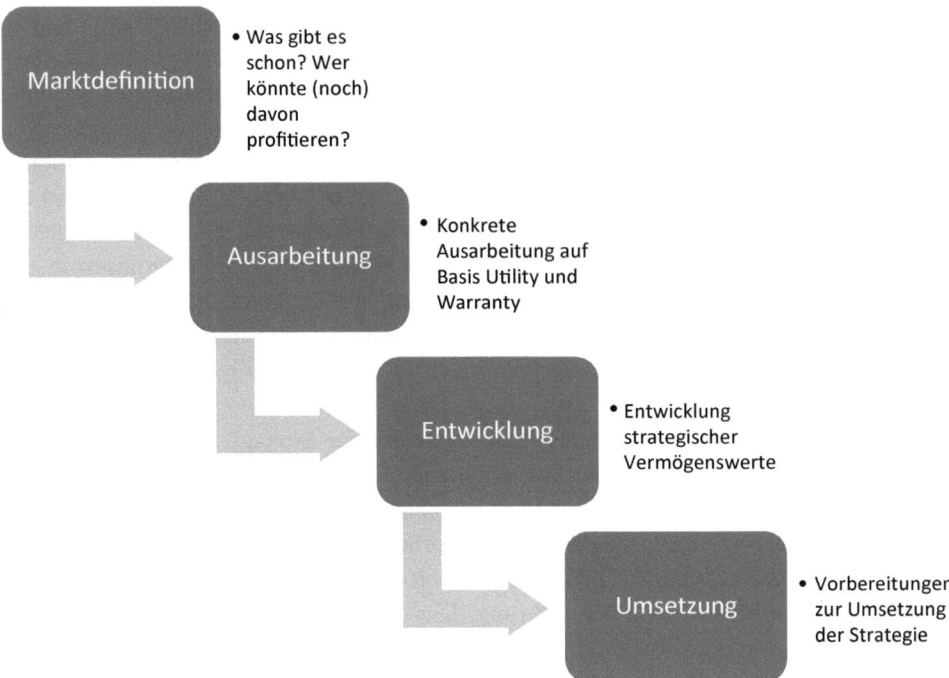

Abb. 3.7 Überblick über die vier Aktivitäten der Service Strategie. (Quelle: eigene Darstellung)

angebotenen Services und der gewünschten Funktionalität. Hier werden messbare Ziele festgelegt, mit denen diese Lücke geschlossen werden soll und kritische Erfolgsfaktoren identifiziert, mit denen der Erfolg oder Misserfolg der Strategie gemessen werden kann (Commerce 2008, S. 63–95). Abbildung 3.7 zeigt diese vier Aktivitäten.

In der nachfolgenden Phase, dem „Service Design", werden Leitfäden zur Entwicklung und zum Management von Services angeboten. Dies beinhaltet auch Methoden zur Umsetzung strategischer Ziele in konkrete Services (van Bon 2010, S. 35–40). Diese Leitfäden lassen sich sowohl auf neue, als auch auf vorhandene Services anwenden, um den Mehrwert zu erhöhen oder zu erhalten. Die Kernpublikation der Service Design-Phase gibt der Organisation auch Hinweise, wie Wissen und Fähigkeiten bezüglich der Designphase entwickelt und erworben werden können. Ein wichtiges Element des Service Design ist die konsistente Pflege des Service Catalogue, welcher den Status, die Schnittstellen und Abhängigkeiten aller Services beinhaltet. Im Gegensatz zum Service Portfolio der Service Strategy, welches auch die geplanten oder in der Entwicklung befindlichen Services beinhaltet, enthält der Service Catalogue nur die aktuell bereitgestellten Services. Dieser Service Catalogue dient dabei nicht nur als Datengrundlage für die Planung, sondern kann beispielsweise auch für eine Business Impact Analyse verwendet werden, wenn die Auswirkungen eines Services im Fehlerfall berechnet werden soll (Stationery Office

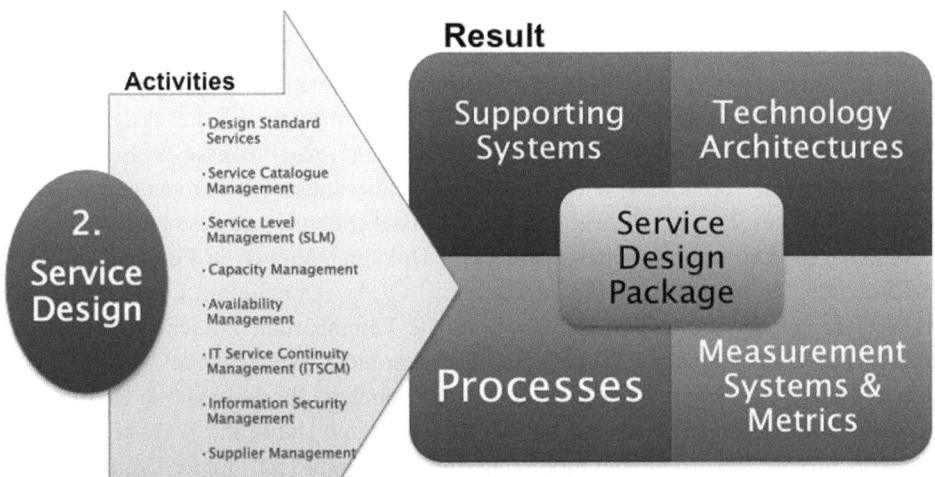

Abb. 3.8 Überblick über die Phase des Service Design. (Quelle: Point Guard IT Service Improvement Experts 2009, S. 1)

(Großbritannien) 2008, S. 21–56). Abbildung 3.8 zeigt, welche Aktivitäten in der Phase des Service Design vorgesehen sind und welche Ergebnisse damit generiert werden sollen. Die einzelnen Aktivitäten, wie beispielsweise das Capacity und das Availability Management, welche sich mit der Kapazität und Verfügbarkeit von Menschen, Material und Ressourcen befassen, bündeln die jeweiligen Ergebnisse in einem Service Design Package, welches die bereits erwähnten Methoden und Vorgaben, wie beispielsweise die Festlegung der technologischen Architekturen oder der Definition der Messgrößen zur Leistungsmessung des neuen oder geänderten Service enthält.

Diese Phase findet in enger Kooperation mit den Kunden statt. Daher ist die Phase des „Service Design" von einer starken Reduzierung der Technologie- und IT-Themen gekennzeichnet, sodass der Kunde den Service vielmehr als zuverlässige Blackbox wahrnimmt, die den gewünschten Output erbringt. Entscheidend ist in dieser Phase, dass das IT-Management zusammen mit dem Kunden möglichst klar und präzise die Anforderungen bzgl. Utility und Warranty dieser Blackbox definiert. Das IT-Management behält dabei die Fähigkeiten seiner IT-Organisation im Blick und weiß, ob und wie der gewünschte Service mit den ihm zur Verfügung stehenden internen und externen Ressourcen realisierbar ist. Dadurch liefert er wichtige Beiträge zur betriebswirtschaftlichen Planung des Service. Der Kunde bringt seine Detailkenntnisse zum gewünschten Service ein und kann seine Anforderungen an Utility und Warranty aus der Sicht der Geschäftsprozesse erläutern.

Nachdem in den Phasen der Service Strategy und des Service Design wichtige Voraussetzungen für einen Service definiert und geprüft wurden, wird nun in der Phase der Service Transition der geplante Service für die Inbetriebnahme vorbereitet. Hierbei liegt der Fokus stärker auf den Funktionen der sicheren Inbetriebnahme, des Änderungsmanagements und der standardisierten Wartung. Die Sicherstellung für eine Einhaltung der Leistungsversprechen, also der Utility und Warranty der Strategie-Phase, und Risiko-Nutzen-Analysen sind ebenso Teil der Service Transition (van Bon 2010, S. 113–134). Abbildung 3.9 zeigt die in der Transition Phase vorgesehenen Aktivitäten und die daraus entstehenden Ergebnisse. Wie bereits dargestellt, konzentrieren sich die Aktivitäten dieser Phase auf die Inbetriebnahme des Service, wie beispielsweise Prozesse zur Erstellung und Auslieferung von Applikationen oder Test- und Validierungsszenarien von neuen oder geänderten Services. Die aus diesen Aktivitäten entstehenden Ergebnisse bestehen aus drei Komponenten. Die zentrale Komponente sind Dokumentationen in Form von Betriebshandbüchern, Troubleshooting-Anleitungen und OLAs (Operational Level Agreement), welche eine nicht-vertragliche, innerbetriebliche Vereinbarung zwischen unterschiedlichen Organisationseinheiten darstellt und übergeordnete Service Level Agreements absichern soll. Diese Dokumentationen bilden die Grundlage für das Asset & Configuration Management, welches die Lebenszyklen der eingesetzten Hard- und Software betrachtet. Letztlich dienen alle Dokumentationen als Referenz zum Test und zur Validierung des neuen oder geänderten Service.

In allen Phasen von ITIL erfolgt eine Abwägung der Erfolgswahrscheinlichkeit gegenüber den Kosten und Konsequenzen eines Fehlschlags. Somit ist dies auch ein wichtiges Element in der Service Transition, welche sich durch einen starken Fokus auf Change Management, Qualitätssicherung, Risikomanagement und effektivem Programm- und Projektmanagement auszeichnet. Nach der erfolgreichen Einführung eines neuen Service

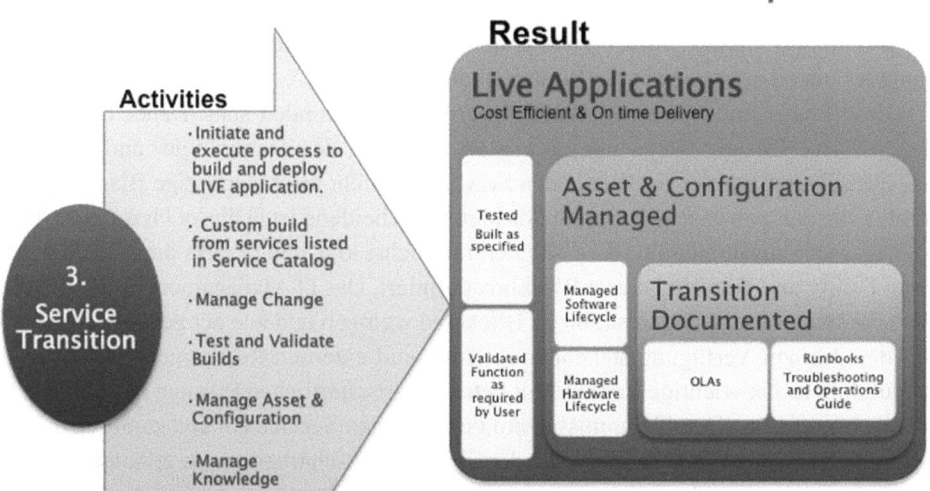

Abb. 3.9 Überblick über die Phase der Service Transition. (Quelle: Point Guard IT Service Improvement Experts 2009, S. 1)

oder der Änderung eines vorhandenen endet die Phase der Service Transition nicht abrupt, sondern reicht in Form eines Early-Life-Supports in die Phase der Service Operation, also dem eigentlichen Betrieb, hinein (Lacy et al. 2008, S. 3). Abbildung 3.10 können die vorgesehenen Aktivitäten der Operation Phase und deren Ergebnisse entnommen werden. Im Gegensatz zu den vorherigen Phasen werden durch die Aktivitäten, wie die Bereitstellung eines zentralen Service Desks oder die Etablierung eines Incident Managements, also der strukturierten Reaktion auf Störfälle bzw. Vorkommnisse, keine Grundlagen oder Vorbereitungen erarbeitet, sondern konkrete Prozesse erzeugt. Ein Ergebnis dieser Phase ist der Aufbau oder ggf. die Erweiterung eines Service Desks, der als zentraler Ansprechpartner Problemmeldungen entgegennimmt und entweder sofort löst oder zur Lösung weiterleitet. Das Application & Technical Management ist ebenfalls ein Ergebnis dieser Phase.

Die Phase der Service Operation betrachtet den tatsächlichen, operativen Betrieb der Services und fokussiert die effektive und effiziente Auslieferung sowie den Support der Services an den Kunden. Die ursprünglich in der Service Strategy geplanten Ziele werden in der Service Operation dann tatsächlich realisiert. Damit wird die Service Operation zum wichtigsten Messpunkt bei der Kontrolle der Zielerreichung (van Bon 2010, S. 1–175). In der Service Operation treffen die Vorstellungen und Anforderungen aus der Service Strategy und dem Service Design auf den eigentlichen IT-Betrieb. Die Mitarbeiter des IT-Betriebs werden an dieser Stelle jedoch nicht erstmalig mit dem neuen oder geänderten Service überrascht, sondern waren bereits in den Phasen des Service Design und der Service Transition beteiligt. Dies ist entscheidend, um einerseits bereits in der Planungsphase das Knowhow derjenigen einbeziehen zu können, die täglich mit der Funktion der

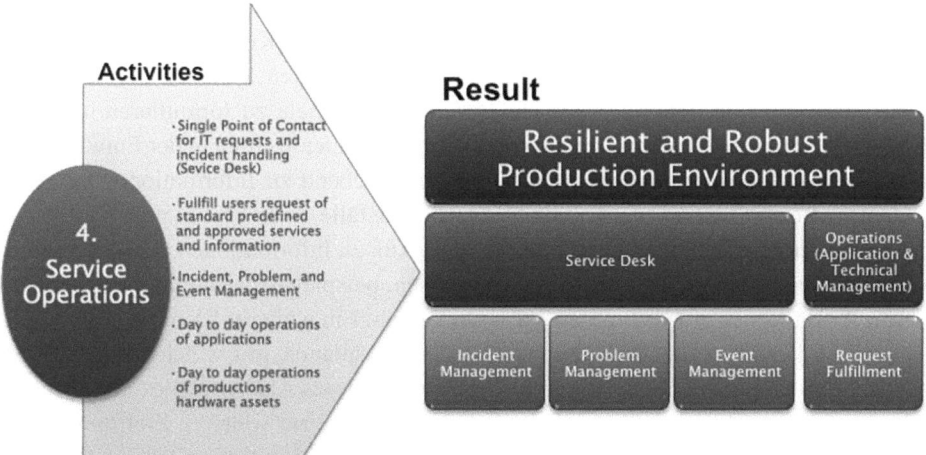

Abb. 3.10 Überblick über die Phase der Service Operation. (Quelle: Point Guard IT Service Improvement Experts 2009, S. 1)

Services konfrontiert sind. Andererseits ist die Service Operation auch fachlich über Sinn und Ziel des neuen oder geänderten Service informiert und kann so Zusammenhänge verstehen (Cannon und Hinrichs 2007, S. 23–37). Gleichzeitig unterstützen die involvierten Mitarbeiter aus den Phasen des Service Design und der Service Strategy, die nicht gleichzeitig auch Mitarbeiter des IT-Betriebs sind, in Form eines Early-Life-Support, welcher hohes Knowhow und ausreichend Ressourcen für diese heikle Phase der Erstinbetriebnahme bereitstellt (Cannon und Hinrichs 2007, S. 23–37). Der Service Operation fällt zudem die Aufgabe zu, während des Betriebes des Services regelmäßig über die Einhaltung der in Service Strategy und Service Design vereinbarten Verfügbarkeiten und Leistungsmerkmale zu berichten. Die Messungen der zentralen Leistungsindikatoren (Key Performance Indicators, kurz: KPI) aus IT-Sicht werden ebenfalls in der Service Operation vorgenommen (van Bon et al. 2008, S. 73).

Die letzte Kernpublikation von ITIL ist die kontinuierliche Verbesserung und umspannt sämtliche ITIL-Phasen von Anfang an. Sie umfasst Methoden und Messgrößen zur Leistungsmessung und die Überwachung von Zielvereinbarungen. Wichtiger Fokus ist die Identifikation von Schwachpunkten und die Erarbeitung von Service-Verbesserungen (van Bon 2010, S. 165–169). Diese Phase des sogenannten Continual Service Improvement (kurz: CSI) sorgt für die Erhaltung der Wertsteigerung durch den Service und ist direkt mit den Phasen der Service Strategy, Service Design und Service Transition verlinkt. Hierzu wird als zentrales Schlüsselelement eine konkrete Eigentümerschaft für diese Phase, quasi ein spezifischer CSI-Manager für jeden Service definiert. Dadurch wird der CSI-Manager zum Fürsprecher für dieses zentrale Thema und dient einerseits als Ansprechpartner, andererseits überblickt er interne und externe Treiber (Case und Hinrichs 2008, S. 127–142). Externe Treiber können dabei beispielsweise veränderte Rahmenbedingungen, wie etwa Gesetze, Wettbewerb oder Kundenanforderungen sein. Interne Treiber sind beispielsweise organisatorische Strukturen oder Kapazitätsengpässe (Case und Hinrichs 2008, S. 14–24). Abbildung 3.11 unterteilt den CSI-Prozess in die vier Entwicklungsstufen Daten („Data"), Information („Information"), Wissen („Knowledge") und Weisheit („Wisdom"). Die Weisheit ermöglicht es, aus übergeordneten Visionen und der daraus abgeleiteten Strategie konkrete taktische und operative Ziele zu formulieren und deren Umsetzung zu planen. Zur Zielerreichung notwendige Daten werden in der Entwicklungsstufe der Daten definiert und gesammelt, um anschließend zu Informationen verdichtet zu werden. Beispielsweise werden als Daten die Ausfälle eines bestimmten Systems erfasst und durch Ermittlung von Anzahl und Häufigkeit zu Informationen verdichtet. Durch Analyse dieser Informationen entsteht dann Wissen, beispielsweise durch die Erkenntnis, dass die Ausfälle sich zu bestimmten Anlässen häufen. Ein weiteres Element der Entwicklungsstufe Wissens ist die Vorbereitung eines Aktionsplanes, mit welchem die Ausfälle reduziert werden sollen. Durch die Implementierung dieses Aktionsplanes in Form einer Verbesserung entsteht schließlich wieder Weisheit, welche zur weiteren Zielformulierung herangezogen werden kann; der Kreislauf beginnt von vorn.

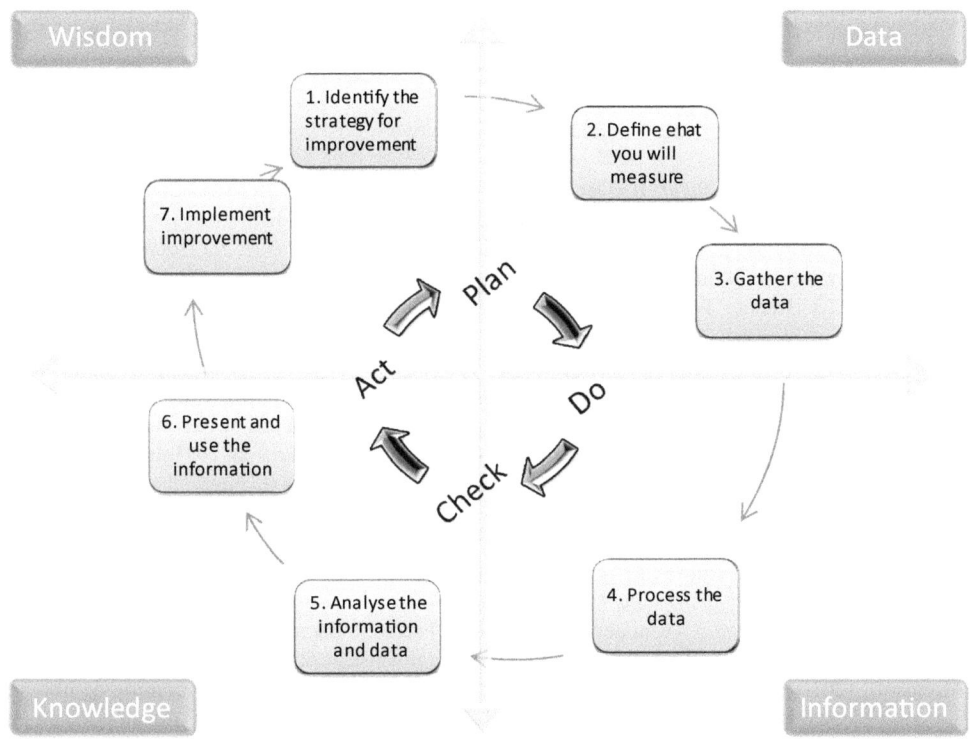

Abb. 3.11 Überblick über das CSI (Continual Service Improvement). (Quelle: eigene Darstellung in Anlehnung an Glenfis AG 2013, S. 1)

Literatur

12MANAGE B. V. (2013). *Reifegradmodell (CMMI)*. http://www.12manage.com/methods_cmm_de.html. Zugegriffen: 9. Juli 2013.

APM Group Ltd. (2013). *Welcome to the Official ITIL® Website*. http://www.itil-officialsite.com/. Zugegriffen: 23. April 2013.

van Bon, J. (2010). *ITIL V3: Das Taschenbuch* (1. Ausg., 6. Aufl.). Best practice. Zaltbommel: Van Haren.

van Bon, J., Pieper, M., & van der Veen, A. (2008). *Service Operation basierend auf ITIL V3: Eine Management Guide*. Best practice. Zaltbommel: Van Haren. http://www.gbv.eblib.com/patron/FullRecord.aspx?p=516677. Zugegriffen: 20. Juli 2013.

Cannon, D., & Hinrichs, B. (2007). *ITIL service operation* ([German version]). London: TSO.

Case, G., & Hinrichs, B. (2008). *ITIL continual service improvement*. London: TSO.

Commerce, O. o. G. (2008). *ITIL V3 service strategy*. Best practice. Zaltbommel: Van Haren. http://www.gbv.eblib.com/patron/FullRecord.aspx?p=347233.

COBIT5 (2012). *Zertifizierung ist auf dem Weg!* http://cobit5.blogspot.de/. Zugegriffen: 25. Sept. 2013.

Crown. (2011). *ITIL 2011 Summary of Updates*. www.best-management-practice.com/gempdf/ITIL_2011_Summary_of_Updates.pdf. Zugegriffen: 6. Mai 2013.

Disterer. (2007). *Itil: Zwischen Entwicklung und Betrieb hakt es*. www.computerwoche.de/592968. Zugegriffen: 14. April 2013.

DQS Certification India Private Limited. (2012). http://www.dqsindia.com/cmmi/. Zugegriffen: 4. Juli 2013.

Glenfis AG. (2012). *ISO 20000: Was ist ISO 20000? – Überblick*. http://www.iso20000.ch/de/vom-kennen/iso20000/ueberblick/index.php. Zugegriffen: 14. April 2013.

Glenfis AG. (2013). *ITIL.org: Das Portal für Informationen rund um ITIL, ISO20000 und COBIT*. www.itil.org/de/about/index.php. Zugegrifffen: 6. Mai 2013.

Hochstein, A., & Brenner, W. (2007). *Die IT steht erst am Anfang*. www.computerwoche.de/1218596. Zugegriffen: 14. April 2013.

ISACA. (2012). *COBIT 5: A Business Framework for the Governance and Management of Enterprise IT*. http://www.isaca.org/COBIT/Pages/default.aspx. Zugegriffen: 14. April 2013.

IT Service Strategy. (2012). *ITIL and ISO 20000 Relationship*. http://www.itservicestrategy.com/download-free-itil-and-iso-20000-relationship-presentation. Zugegriffen: 10. Juli 2013.

Lacy, S., Macfarlane, I., & Hinrichs, B. (2008). *Service transition – ITIL*. Norwich: TSO (The Stationery Office).

Malte Foegen, J. B. C. R. (2007). *CMMI – ein Werkzeug zur Prozessverbesserung*. http://www.computerwoche.de/a/cmmi-ein-werkzeug-zur-prozessverbesserung,590892. Zugegriffen: 14. April 2013.

MATERNA. (2010). http://www.materna.de/DE/Pages/Presse/Pressemitteilungen/2010/BUI/AktuelleMATERNA-BefragungITILkommtinFahrtabernurteilweise.html. Zugegriffen: 14. April 2013.

Microsoft. (2010). *Hintergrundinformationen zu CMMI*. http://msdn.microsoft.com/de-de/library/vstudio/ee461556.aspx. Zugegriffen: 14. April 2013.

Munich Institute for IT Service Management. (2013). *Fragen und Antworten rund um das Thema ISO 20000*. http://www.mitsm.de/wissen/iso-20000-knowledge/fragen-und-antworten-zum-iso-20000-standard. Zugegrifffen: 23. April 2013.

Point Guard IT Service Improvement Experts. (2009). *ITIL Service Design*. http://www.pointguard-solutions.com/oscommerce/product_info.php?products_id=35. Zugegriffen: 9. Juli 2013.

Qualified advice partners. (2013). http://www.qualified-audit-partners.be/index.php?cont=807. Zugegriffen: 4. Juli 2013.

Stationery Office (Großbritannien). (2008). *ITIL service design*. London: TSO.

Stawinski, M. (2011). *Effizientes IT-Management in der Finanzdienstleistung: Wie Finanzdienstleister die Referenzmodelle ITIL, CMMI und CObIT sinnvoll einsetzen*. München: AVM.

Lean und das Toyota Produktionssystem 4

4.1 Abstract des Kapitels „Lean und das Toyota Produktionssystem"

Die Wurzeln des Toyota Produktionssystem (TPS) reichen bis in das Jahr 1897 zurück und haben seitdem eine stetige Weiterentwicklung erlebt. Der Begriff „Lean" wurde erst mit dem 1990 erschienen Buch „Die zweite Revolution in der Automobilindustrie" geprägt, in welchem Forscher des MIT (Massachusetts Institute of Technology) die Produktionsprozesse des Autoherstellers Toyota darstellten. Das Ziel des TPS war und ist es, schneller und flexibler auf sich verändernde Nachfragesituationen reagieren zu können und sich dadurch einen Wettbewerbsvorteil, vor allem gegenüber der zu diesem Zeitpunkt in Amerika praktizierten Massen-/Fließbandproduktion zu verschaffen. Dies erreichte Toyota durch konsequente Vermeidung jeglicher Art von Verschwendung bei gleichzeitiger Konzentration auf die Kundenwünsche. Toyota betrachtete bei der Suche nach Verschwendung nicht nur direkte Verschwendungsarten, wie etwa durch Materialverschwendung oder Verschwendung durch Nacharbeit oder Ausschuss, sondern auch indirekte Verschwendung, wie etwa Überproduktion, Wartezeiten, überflüssige Bewegungen oder hohe Materialbestände. Zur Identifizierung von Verschwendung setzte Toyota einerseits auf nachhaltige Lösungen, die im Zweifel auch einen Stillstand der Produktion bedeuten konnten, andererseits auf die Mithilfe der Arbeiter, die im Verständnis von Toyota am besten wissen müssten, was in ihrer täglichen Arbeit verbessert werden könnte. Während bei der Fließbandarbeit die Arbeiter häufig nur kleinste Anteile am gesamten Produktionsprozess bearbeiteten, beispielsweise die Montage eines Rades, übertrug Toyota den Arbeitern deutlich komplexere Aufgaben, wie etwa die komplette Montage der Karosserie. Dadurch wertete Toyota die Rolle der einfachen Arbeiter auf, bezog sie in den Prozess der kontinuierlichen Verbesserung ein und erreichte sowohl eine Erhöhung der Motivation, als auch signifikante Prozessoptimierungen, da sich jetzt jeder Arbeiter für die Qualität des Produktes und das Wohlergehen des Unternehmens verantwortlich fühlte.

Eine Übertragung und Weiterentwicklung der Lean-Ideen auf andere, produktionsferne Bereiche gestaltete sich hingegen schwierig. Es entstanden zwar Ideen für die Anwendung in der öffentlichen Verwaltung oder dem Finanzdienstleistungssektor, aber häufig handelte es sich um Einzelmaßnahmen oder Absichtserklärungen und nur selten um eine ganzheitliche Betrachtung des gesamten Unternehmens, wie es bei Toyota praktiziert wird. Wildemann griff diese Ideen und Absichten auf und hat Leitfäden für erfolgreiche Lean-Reengineering-Projekte entwickelt, im Kontext von Fallstudien bei unterschiedlichen Unternehmen implementiert und damit Kostensenkungspotenziale von zehn bis 30 % realisiert. Wildemann macht dabei deutlich, dass die Umsetzung von Einzelmaßnahmen in isolierten Teilbereichen eines Unternehmens keinen Sinn ergibt, sondern vielmehr eine unternehmensweite Umsetzung notwendig ist, welche die unbedingte Unterstützung des Topmanagements voraussetzt.

4.2 Entstehung und Bedeutung für die Automobilbranche

Teicher zeigt den Ursprung von Toyota in der Person des Toyoda Sakichi (1867–1930), der mit der 1897 beginnenden und im Jahr 1926 gelungenen Entwicklung und Erfindung eines automatischen Webstuhls die Grundlage für die Automobilforschung seines Sohnes Kiichiro legte. Sakichi schenkte 1930 seinem Sohn vom Verkauf des Webstuhl-Patents an einen englischen Textilhersteller 100.000 Pfund (das entspricht im Jahr 2011 einer Kaufkraft von etwa 5,4 Mio. Pfund) (House of Commons 2012, S. 13–17). Kiichiro errichtete damit im Sommer 1930 in den Räumen der Toyoda Spinnfabrik ein Forschungszimmer für Automobile und baute 1931 seinen ersten Kleinwagen mit vier PS. 1937 gründete er dann schließlich das Automobilherstellungs-Unternehmen Toyota; im Jahr 1939 überschritt die Produktion bereits die 10.000 Einheiten-Grenze. Damit startete Toyota deutlich später als etwa die 1890 gegründete Daimler-Motorengesellschaft in Deutschland und die gleichzeitig beginnende Fahrzeugproduktion von Peugeot in Frankreich, bzw. die 1908 beginnende Massenproduktion bei Ford (Teicher 1994, S. 4–7). Das Toyota Produktionssystem (kurz: TPS) entstand, wie der Name schon ankündigt, beim Autohersteller Toyota. Es entwickelte sich aus der Notwendigkeit heraus, dass die Marktrestriktionen der Nachkriegszeit die Fertigung kleiner Stückzahlen vieler Modelle bei niedriger Nachfrage verlangte. Diese Vorgabe konnte aus Sicht von Toyota nur durch die konsequente und gründliche Beseitigung von Verschwendung und durch die gleichzeitige Betonung des Respekts vor dem Menschen erreicht werden. Die Erreichung dieses Zieles wird dabei von zwei Säulen unterstützt: „autonome Automation" und „Just-in-Time". Die Idee der Automatisierung von manueller Arbeit reicht bis zu seinem Vater und dessen Erfindung des automatischen Webstuhls im Jahr 1902 zurück, der einen gerissenen Faden selbstständig erkennen und die Maschinen anhalten konnte, und bildet die erste Säule des TPS. 1937 entwickelte Toyoda Kiichiro darüber hinausgehend den „Just-in-Time"-Gedanken (kurz: JiT) und damit die zweite Säule des TPS (Ōno 1993, S. 10–21). JiT bedeutet das Vorhandensein der richtigen Bauteile zur richtigen Zeit am richtigen Ort. Dies impliziert auch das bewusste Weglassen von zu diesem Zeitpunkt nicht benötigten oder fehlerhaften

Bauteilen und somit einen äußerst geringen Lagerbestand. Dies wird laut Taiichi Ōno, der bereits in der Webstuhlfabrik des Vaters arbeitete und in den 1950er Jahren Produktionsleiter im Stammwerk von Toyota wurde, einerseits dadurch erreicht, dass nicht nur einzelne Arbeitsschritte oder -etappen betrachtet werden, sondern immer der gesamte Prozess von der Beauftragung bis zur Herstellung eines Produktes. Andererseits darf nicht aufgrund bloßer Vermutung mit der Herstellung von Komponenten begonnen werden, sondern es muss ein System etabliert werden, das den Fertigungsprozess beginnend ab dem Endmontageband zurück zum ersten Produktionsschritt mit Material versorgt. Alle Glieder dieser Just-in-Time-Kette sind dabei miteinander verbunden und zeitlich darauf abgestimmt. Dieses Instrument nennt Ōno „kanban" Ōno verringert nicht nur den Lagerbestand und optimiert die Zulieferekette, sondern verleiht Maschinen unter dem Begriff der „autonomen Automation", bzw. der „Automation mit menschlichen Zügen" über die Ansätze des automatischen Webstuhls hinausgehend rudimentäre Intelligenz. Die Maschine soll dabei den jeweiligen Arbeitsprozess selbstständig steuern können und bei Fehlern oder Abweichungen diese entweder automatisch korrigieren oder den Betrieb anhalten. Dadurch werden keine fehlerhaften Teile produziert und gleichzeitig durch den Stillstand der Maschine auf die Unregelmäßigkeit aufmerksam gemacht und dadurch das Betriebspersonal zur Störungsbeseitigung aufgefordert. Diese Regel der selbstständig stoppenden Maschine wird auch bei manuell betriebenen Fließbändern angewendet, sodass hier die Arbeiter selbst das Band anhalten dürfen und müssen. Durch konsequenten Einsatz „narrensicherer" Teile wird außerdem bereits im Vorfeld bei der Bestückung von Maschinen oder dem Zusammenbau von Teilen Ausschuss vermieden werden. Diese Komponente nennt Ōno „baka-yoke" (Ōno 1993, S. 30–32).

Das kurz nach dem zweiten Weltkrieg schrittweise eingeführte Konzept des TPS zog die Aufmerksamkeit der japanischen Industrie allerdings erst nach der ersten Ölkrise im Herbst 1973 auf sich, als diese erstmals einem Nullwachstum und damit einem Produktionsrückgang gegenüberstanden (Ōno 1993, S. 19–21). Bis zu diesem Zeitpunkt war es in der Automobilindustrie üblich, die Stückkosten mittels Massenproduktion und Fließbandarbeit niedrig zu halten und dadurch günstige Verkaufspreise realisieren zu können. Als Grundsatz für diese Produktionsform, welche durch den Autohersteller Ford bei der Produktion seines Model T erstmals ab 1908 angewendet wurde (Womack et al. 1992, S. 30), gilt nach Ōno die Maxcy-Silberston-Kurve, welche die Senkung der Fixkosten eines Produktes – bis zu einem bestimmten Punkt – im Verhältnis zur Erhöhung der Stückzahlen darstellt. Abbildung 4.1 kann als Beispiel entnommen werden, dass bei einer Produktion von einer Einheit die anteiligen Fixkosten maximal sind. Je mehr Einheiten produziert werden, desto größer wird der Divisor, durch welchen die Fixkosten geteilt werden können. Im gewählten Beispiel wären die anteiligen Fixkosten somit bei doppelter Produktionsmenge nur noch halb so groß, bei dreifacher Produktionsmenge betragen sie nur noch ein Drittel. Bei ausreichend großer Stückzahl würden die anteiligen Fixkosten somit nur noch einen sehr geringen Kostenanteil verursachen.

Die Wirksamkeit dieses Zusammenhangs sei in Zeiten hohen Wachstums zur Genüge bewiesen worden und daher tief in das Bewusstsein der Menschen eingedrungen. In Phasen niedrigen Wachstums, so Ōno weiter, sind die Vorzüge der Massenproduktion jedoch

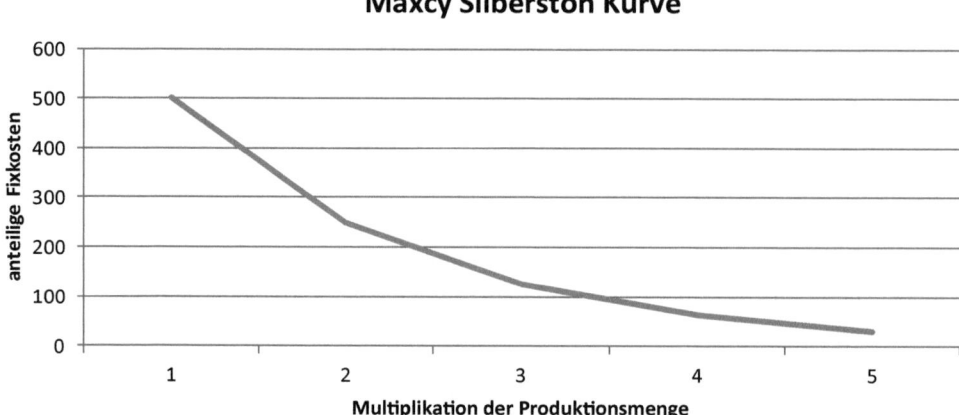

Abb. 4.1 Entwicklung der anteiligen Fixkosten bei Steigerung der Produktionsmenge. (Quelle: eigene Darstellung)

viel geringer zu bewerten, da schlicht der Absatzmarkt für die große Anzahl der produzierten Einheiten fehle (Ōno 1993, S. 28). Die Auswirkungen der Ölkrise vom Herbst 1973 zeigte dies deutlich. Laut Ōno sanken die Gewinne sämtlicher Automobilhersteller erheblich, Toyota schnitt in den Jahren 1975 bis 1977 im Vergleich dazu jedoch sehr viel besser ab. Das Toyota Produktionssystem stand jetzt erstmalig im Fokus der Mitbewerber (Ōno 1993, S. 27). Dies führte auch zu einem Besuch einer Projektgruppe des MIT (Massachusetts Institute of Technology) aus Amerika, welche 1990 die gewonnen Erkenntnisse erstmals unter dem Begriff „Lean" veröffentlichten.

> Würde man heute einen Mitarbeiter von Toyota fragen, was denn Lean Production [...] sei, würde er einen erstaunt und fragend anblicken [...]. Denn obwohl er fest in das Toyota Production System eingebunden ist und dieses mit schlafwandlerischer Sicherheit beherrscht und beherzigt, war es Vertretern westlicher Industrienationen vorbehalten, diesem System einen gattungstypischen Namen zu geben und es zu einer Industriephilosophie [...] hochzustilisieren. (Ōno 1993, S. 13)

Die MIT-Delegation hatte fünf Jahre lang die Unterschiede zwischen Massen- und schlanker Produktion erforscht und waren voller Lob über das Toyota Produktionssystem. Die Autoren waren derart beeindruckt über die Wirksamkeit von Lean, dass sie nicht nur von dessen Übertragbarkeit auf jede Industriebranche, sondern sogar von einer „tiefgreifenden Wirkung auf die menschliche Gesellschaft" sprechen (Womack et al. 1992, S. 13–14). Zur Verdeutlichung der Andersartigkeit von Lean soll nachfolgendes Beispiel genügen, da im nachfolgenden Kapitel die Kernideen von Lean bzw. vom Toyota Produktionssystem dargestellt werden. Ōno, ab 1947 Leiter der Fertigungshalle 2 von Toyota, hatte zuvor Werkshallen in Amerika besichtigt. Dabei sah er hochspezialisierte Arbeiter, die jeweils nur an einem Maschinentyp eingesetzt wurden und aufgrund des Willens einer großen Anzahl ausdifferenzierter Gewerkschaften auch nirgends anders eingesetzt werden durften. Diese Art der Fertigung, so Ōno, liefe zwangsweise auf ein Massenproduktionssystem hinaus, bei dem in jedem Arbeitsgang viele Teile hergestellt und dann zum nächsten Arbeitsgang und damit zum nächsten Spezialisten transportiert werden können. Auf andere Weise ließe sich die enorm große Anzahl von Arbeitern nicht kostendeckend beschäftigen. Die japanische Industrie glaubte von 1945 bis zur Ölkrise von 1973, so Ōno weiter, dass dies ebenfalls den japanischen Bedürfnissen entspräche. Ōno experimentierte jedoch damit, einen Arbeiter für viele Maschinen und auch verschiedene Typen von Maschinen verantwortlich zu machen. Dadurch würden sich die zur Kostendeckung notwendigen Stückzahlen deutlich verringern und die Produktion deutlich flexibler werden. Sein erster Schritt war die Einrichtung eines Fließsystems in der Werkshalle. Er ordnete die verschiedenen Maschinen in der Reihenfolge der Arbeitsgänge an, parallel in Reihe oder in L-Form, und versuchte, ob ein Arbeiter drei oder vier Maschinen gleichzeitig bedienen konnte. Diese Versuche stießen jedoch auf massiven Widerstand der Arbeiter, denen die Abkehr vom vorherigen Dogma der Spezialisierung schwer fiel und die mit dem nun erforderlichen Fach- und Methodenwissen überfordert waren. Diese Widerstände konnten durch die Vermittlung eines breiten Spektrums an Fähigkeiten und durch die übersichtlichere und nicht spezialisierte Gewerkschaftsstruktur einerseits, sowie durch die Motivation aller Mitarbeiter vor dem Hintergrund des 1950 ausbrechenden Koreakrieges, dessen Notwendigkeiten und damit einhergehenden Ressourcenknappheit andererseits überwunden werden (Ōno 1993, S. 36–42). Die Bemühungen, durch den Einsatz von Lean einen Wettbewerbsvorteil gegenüber den etablierten Automobilherstellern zu erzeugen, trugen Früchte. Während Japan in der weltweiten Automobilindustrie 1955 noch keine Relevanz hatte, ist der Produktionsanteil Japans gegenüber Nordamerika und Westeuropa inzwischen ebenbürtig. Abbildung 4.2 zeigt die Anteile an der weltweiten Autoproduktion zwischen 1955 und 1989 und unterteilt danach in die Regionen „NA" für Nordamerika (USA und Kanada), „E" für Westeuropa (einschließlich Skandinavien), „J" für Japan, „SCH" für Schwellenländer (hauptsächlich Korea, Brasilien und Mexico) und „ÜW" für die übrige Welt (einschl. Sowjet-Union, Osteuropa und China). Anhand der Grafik lässt sich ablesen, dass der Anteil der Region NA stetig verkleinert wird, während E und ÜW annähernd gleichbleibende Produktionsanteile beibehalten. SCH vergrößert den Anteil leicht, J vergrößert seinen Anteil an der weltweiten Autoproduktion jedoch massiv.

Nach den Statistiken der OICA (International Organisation of Motor Vehicle Manufactures) hält dieser Trend bis heute an. Japan liegt in der Produktionsmenge knapp hinter den USA auf Platz 3. Lediglich China produziert inzwischen deutlich mehr und in etwa so viele PKW wie Japan und die USA gemeinsam. (Tab. 4.1).

4.3 Kernideen von Lean

Die Entwicklung und damit die Erfolgsgeschichte des TPS beginnt 1918, als Sakichi Toyoda die Toyoda Spinning and Weaving Company gründete und in den Folgejahren einen Webstuhl mit Dampfantrieb entwickelte, der einen Fadenriss selbstständig erkennen und daraufhin automatisch anhalten konnte. Diese Erfindung brachte nicht nur das im vorherigen Kapitel erwähnte Startkapital für die Automobilproduktion seines Sohnes,

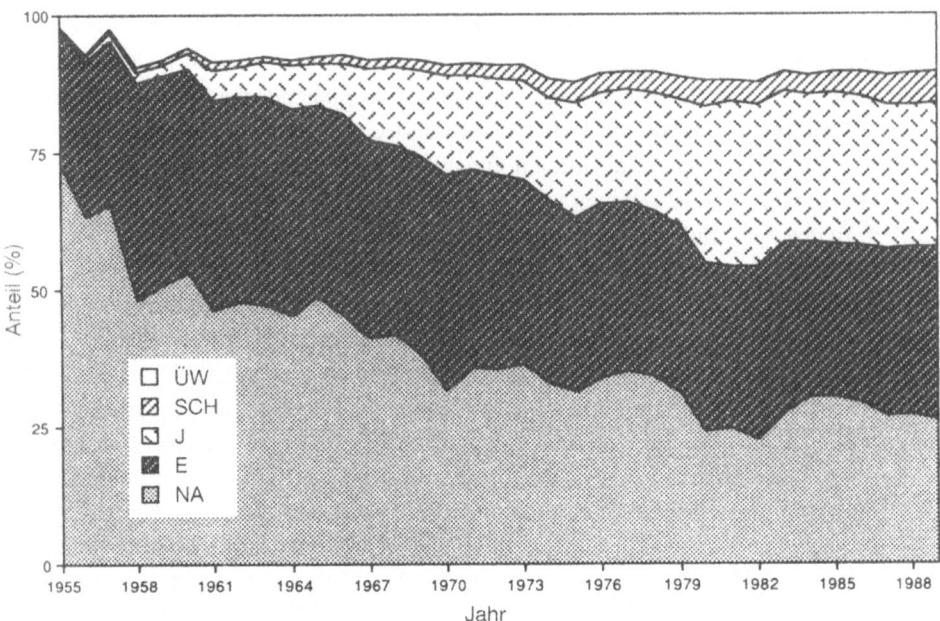

Abb. 4.2 Anteil der Welt-Autoproduktion nach Regionen, 1955–1989. *NA* Nordamerika: USA und Kanada, *E* Westeuropa, einschl. Skandinavien, *J* Japan, *SCH* Schwellenländer, hauptsächlich Korea, Brasilien und Mexiko, *ÜW* Übrige Welt, einschl. Sowjet-Union, Osteuropa und China (Womack et al. 1992, S. 49)

Tab. 4.1 TOP 3– Länder der weltweiten Automobilproduktion. (Quelle: International Organization of Motor Vehicle Manufacturers 2013, S. 1)

Country	Cars	Commercial vehicles	Total
China	15.523.658	3.748.150	19.271.808
USA	4.105.853	6.223.031	10.328.884
Japan	8.554.219	1.388.492	9.942.711
Worldwide	*63.069.541*	*21.071.668*	*84.141.209*

sondern entwickelte sich auch zum Prinzip des „Jidoka" (deutsche Entsprechung: Autonomisierung) und damit zu einer von zwei tragenden Säulen des TPS weiter (Toyota Material Handling Deutschland GmbH 2010, S. 6). Bei der Übertragung dieses Prinzips auf die Automobilproduktion des Sohnes sah sich Toyota nicht nur mit dem Absatzmarkt, sondern sehr viel stärker mit den Rohstoffmärkten konfrontiert. Toyota erfreute sich zwar einerseits an der durch den Korea-Krieg zusätzlich entstandenen Nachfrage nach LKWs, Ōno befürchtete aber andererseits, diese Aufträge gar nicht produzieren zu können. Die Versorgung mit Rohstoffen und Bauteilen war schwierig und unregelmäßig, sodass in der ersten Monatshälfte lediglich alle notwendigen Teile gesammelt und erst in der zweiten Monatshälfte zusammengebaut werden konnten. Ōno versuchte, dies durch einen einmonatigen Lagerbestand abzumildern, sah jedoch ein wiederkehrendes Problem bei steigender Produktionsmenge auf sich zukommen (Ōno 1993, S. 39–42). Zielsetzung war es daher, neben der Lösung der Nachschubprobleme, die vorhandenen Materialien möglichst effizient und ohne Verluste auszunutzen. Damit war die Suche und Auslöschung jeglicher Art der Verschwendung die maßgebliche Doktrin.

> Das wesentliche Ziel des Toyota-Produktionssystems ist es, Verschwendungen zu erkennen, zu vermeiden und damit Kosten zu senken. Dabei werden überflüssige Lagerbestände durch das Auffinden und Beseitigen ihrer versteckten Gründe abgebaut. Die auf konkreten Bestellungen beruhende Produktion – die bedarfsgerechte Herstellung – hilft, diese Bedingungen zu kontrollieren, mehr als die Vorhersagen und Erwartungen der Produktionseinplanung. Eine weitere wichtige Strategie ist die Trennung von Mensch und Maschine – die Prä-Automatisierung – um eine Mehrmaschinenbedienung zu erreichen. (Shingo et al. 1993, S. 65)

Insgesamt wurden dabei sieben Arten von Verschwendung unterschieden. Die erste Verschwendungsart entsteht durch Überproduktion, die zweite durch überflüssige Bewegungen, die dritte durch Wartezeiten, die vierte durch Transporte, die fünfte durch Überbearbeitung, die sechste durch hohe Materialstände und die siebte durch Nacharbeit oder Ausschuss (Liker 2004, S. 28). Die gewählte Reihenfolge hat keine Aussage über die Priorität der Beseitigung oder die Auswirkung der Verschwendung, da diese von der Produktionsstruktur abhängig ist.

> Diese verschiedenen Arten von Muda (Verschwendung) sind in ihrer Bedeutung und Wirkung durchaus nicht gleich. Man muss sie jeweils in Beziehung zur Produktionsstruktur betrachten. (Shingo et al. 1993, S. 161)

Die Verschwendungsarten können sich auch teilweise selbst bedingen; so verursacht eine hohe Ausschussquote zwangsläufig hohe Materialstände, um den nachfolgenden Produktionsschritt mit verwendbarem Material in ausreichender Menge versorgen zu können.

4.3.1 Verschwendung durch Überproduktion

Wird ein End- oder Zwischenprodukt produziert, welches nicht sofort verkauft oder weiterverwendet werden kann, bindet dies einerseits Kapital, andererseits verursacht es zusätzliche Kosten durch den benötigten Lagerplatz. Bei Endprodukten entsteht zusätzlich das Risiko, das Produkt auf dem Absatzmarkt nicht oder nur zu einem niedrigeren Preis verkaufen zu können. Die Überproduktion von Zwischenprodukten, also das Problem der hohen Materialbestände, ist eine eigene Art der Verschwendung und wird im nachfolgenden Abschn. „6.2.6 Hohe Materialstände" betrachtet. Die Überproduktion von Endprodukten zu verhindern, ohne im Umkehrschluss eine zu geringe Produktionsmenge bzw. lange Lieferfristen aus Kundensicht zu riskieren, ist eine große planerische Herausforderung. Die Produktionsprogrammplanung läuft daher in drei Stufen ab. Aus dem jährlichen, halbjährlichen oder vierteljährlichen Leitplan wird die monatliche, mittelfristige Planung erstellt, aus der sich dann die aktuelle Einplanung für eine Woche, drei Tage oder auch nur für einen Tag ableitet. Die Leitplanung entsteht aus intensiver Marktforschung und ist relativ genau. Diese wird unverbindlich an die einzelnen Werke weitergeleitet und dann monatlich im Voraus entweder bestätigt oder korrigiert. Das Endmontage-Produktionsband erhält erst zwei Wochen vorher die tatsächlichen Produktionszahlen. Die nachgelagerten Prozesse werden mittels kanban gesteuert (Shingo et al. 1993, S. 67–68). Kanban organisiert dabei, wie im vorherigen Kapitel beschrieben, alle Glieder der Just-in-Time Kette und stimmt sie zeitlich aufeinander ab. Nicht nur der Materialfluss ist relevant, sondern auch die flexible Verfügbarkeit von Arbeitern, welche die produzierten Teile weiterverarbeiten. So ist eine Reaktion auf die kurzfristige Zunahme des Bedarfes, Mitarbeiter, die normalerweise nicht direkt in der Produktion tätig sind, dort einzubinden und aushelfen zu lassen (Shingo et al. 1993, S. 87). Dank umfassender Einarbeitung der Mitarbeiter und konsequenter Standardisierung der Arbeitsabläufe können auch produktionsfremde oder neue Arbeiter nach kurzer Einarbeitung in der Produktion eingesetzt werden.

> Bei Toyota werden neue Mitarbeiter so intensiv trainiert, dass sie innerhalb von drei Tagen ihre Arbeitsaufgabe voll beherrschen. (Shingo et al. 1993, S. 121)

Bei rückläufigen Bestellungen werden Taktzeiten verlängert und bei Mehrmaschinenbedienung die Anzahl der Maschinen pro Mitarbeiter erhöht. Die dabei frei werdenden Mitarbeiter werden zur Realisierung von Verbesserungsmaßnahmen, zur Instandhaltung oder zur Übernahme von Aufgaben, die bei normaler Auslastung fremdvergeben werden, eingesetzt (Shingo et al. 1993, S. 88). Durch diese Maßnahmen ist es Toyota möglich, variable Produktionsmengen mit weitgehend konstanter Belegschaft herzustellen. Die dadurch entstehenden Einsparungen in den Personalkosten sind erheblich und laut Shingo um 20 bis 30 % niedriger als bei den Mitbewerbern.

> Toyota hat […] damit Personalaufwendungen erreicht, die um 20–30 % niedriger liegen, als die der vergleichbaren Konkurrenz. (Shingo et al. 1993, S. 89)

Länger anhaltende Erhöhungen der Auftragsmenge können durch Überstunden gelöst werden, da zwischen zwei Schichten vier Stunden Unterbrechung liegen, sodass durch Überstunden problemlos 50 % Mehrbedarf bedient werden kann (Shingo et al. 1993, S. 54). Diese Überstunden können dann bei schwächerer Auftragslage wiederum zur Reduzierung der Arbeitszeit verwendet werden.

4.3.2 Verschwendung durch überflüssige Bewegungen

Bis zu Beginn des 20. Jahrhunderts war es üblich, dass die Arbeiter von Montagestand zu Montagestand gingen, um dort jeweils tätig zu werden. Ford erkannte, dass diese Wege,

4.3 Kernideen von Lean

Abb. 4.3 Arbeitsplatz vor dem Lean-Projekt „Werkplatzgestaltung". (Quelle: Netzwerk GMA 2013, S. 1)

wie kurz sie auch sein mochten, Zeit erforderten und es außerdem häufig Gedränge gab, wenn schnellere Arbeiter langsamere überholen wollten. Ford führte daher im Frühjahr 1913 das sich selbst bewegende Montageband ein, das die Arbeit quasi zu den Arbeitern brachte und die Laufwege damit deutlich verkürzte. Durch die Reduzierung der Wege und zusätzlich durch die Möglichkeit, ein erhöhtes Arbeitstempo vorgeben zu können, konnte Ford die Taktzeit um fast die Hälfte reduzieren (Womack et al. 1992, S. 32). Bei Toyota wurde dieser Gedanke dahingehend weiterentwickelt, dass nicht nur die reinen Laufwege, sondern auch die Suche nach dem richtigen Werkzeug oder Bauteil Zeit kostet und damit Verschwendung sei. Die Lösung dieses Problems ist im Grunde trivial: ein aufgeräumter Arbeitsplatz. In Abb. 4.3 ist auf dem Foto eines Arbeitsplatzes in einem Metall- und Maschinenbauunternehmen zu sehen, dass weder eine ausreichende Arbeitsfläche zur Bearbeitung von Bauteilen verfügbar, noch die benötigten Werkzeuge leicht auffindbar sind. Auch das Fehlen einzelner Werkzeuge würde erst nach intensiver Suche festzustellen sein.

Nachdem in diesem Betrieb ein Projekt unter dem Namen „Lean Manufactoring" initiiert und unter anderem Verbesserungen für diese Arbeitsplätze erarbeitet wurden, sieht der in Abb. 4.4 dargestellte Arbeitsplatz deutlich aufgeräumter aus, bietet ausreichend freie Arbeitsfläche für die Bearbeitung von Bauteilen und zeigt zusätzlich sofort und gut sichtbar, falls Werkzeuge fehlen sollten.

Auch in der Fertigung gibt es weitere Beispiele für einen optimierten Arbeitsplatz. Hier wird häufig ein Produkt aus mehreren Einzelteilen zusammengesetzt. Der Arbeitsplatz ist

Abb. 4.4 Arbeitsplatz nach dem Lean-Projekt „Werkplatzgestaltung". (Quelle: Netzwerk GMA 2013, S. 1)

dann nicht linear, sondern halbkreisförmig gestaltet. Damit sind alle notwendigen Einzelteile in Griffreichweite.

Auch Ōno experimentierte mit der Anordnung der Arbeitsplätze und ordnete die verschiedenen Maschinen in der Reihenfolge der Arbeitsgänge, parallel in Reihe oder in L-Form, an (Ōno 1993, S. 36–42).

4.3.3 Verschwendung durch Wartezeiten

Bei der Massenfertigung von Ford galt es, möglichst hohe Maschinenauslastungen zu erzielen, da die Produktion großer Stückzahlen im Vordergrund stand. Toyota musste aber flexibel und nicht ausschließlich große Stückzahlen gleichartiger Bauteile produzieren. Daher wurden niedrigere Maschinennutzungsgrade einer Wartezeit des Arbeiters vorgezogen. Grund ist im Allgemeinen, dass einmal abgeschriebene Maschinen nahezu keine Fixkosten mehr verursachen und Arbeitsstunden mehr als Maschinenstunden kostet. Zusätzlich kann die Produktion bei Bedarf sehr schnell aufgrund einfacher Bedienbarkeit der Maschinen allein durch die zeitweise Einstellung von Hilfskräften erhöht werden (Shingo et al. 1993, S. 42–43). Toyota gelang es zudem, die Rüstzeiten, also den Zeitraum, in welchem die Maschine so umgerüstet wurde, dass andersartige Bauteile produziert werden konnten, drastisch zu reduzieren. Damit konnte deutlich flexibler und in kleineren Losgrößen produziert werden. Shingo benutzt hierzu den Begriff SMED (single minute exchange of die, deutsch Werkzeugwechsel im einstelligen Minutenbereich). Shingo differenziert die Rüstzeiten in interne und externe Rüstzeiten. Dabei stellt die interne Rüstzeit das Zeitfenster dar, bei dem die Maschine für Änderungen gestoppt wird. Externe Rüstzeiten beschreiben Arbeiten außerhalb der Maschine, bei der diese weiterlaufen kann. Zielsetzung ist es, dass die interne Rüstzeit so gering wie möglich gehalten wird, was durchaus zu Lasten der externen Rüstzeit geschehen kann. Verstärkt wird dieser Effekt durch einfache, schnell zu lösende Befestigungen (wie zum Beispiel gewindelose Befestigungen) und durch Verzicht auf stufenlose Einstellmöglichkeiten (Shingo et al. 1993, S. 79).

4.3.4 Verschwendung durch Transporte

Zwischen den verschiedenen Stationen muss sowohl Material ausgetauscht, als auch das jeweilige Halbfertigprodukt transportiert werden. Die Fragestellung nach dem idealen Transportweg und -zyklus, der einerseits ausreichend schnell, andererseits mit möglichst wenig Transportmitteln und -wegen auskommt, ist nicht neu. 1930 wird erstmalig das mathematische Problem des Handlungsreisenden (auch Rundreiseproblem, engl. Traveling Salesman Problem, kurz TSP) erwähnt. TSP ist ein kombinatorisches Problem des Operations Research und der theoretischen Informatik. Ziel ist es, eine möglichst kurze Reisestrecke zwischen mehreren Orten und der anschließenden Rückkehr zum Ausgangspunkt zu finden. Im Rahmen der Forschungen zum TSP sind viele neue Optimierungsverfahren entwickelt und erprobt worden, die momentan auch für andere Optimierungsprobleme eingesetzt werden. Heute steht eine Vielzahl von heuristischen und exakten Methoden zur Verfügung, mit denen auch schwierige Fälle mit mehreren tausend Orten optimal gelöst werden (Universität Kaiserslautern 1997, S. 1). Allerdings sind Berechnungen mit mehreren Städten sehr aufwendig, da die Anzahl der zu überprüfenden Routen exponentiell ansteigt. Toyota verwendet zur Optimierung der Transportwege das Konzept des Milkrun. Vereinfacht formuliert geht es bei diesem Konzept darum, nur die tatsächlich verbrauchte Menge mit neuem Material zu ersetzen. Dadurch wird einerseits nicht zu viel Ware geliefert. Andererseits erfolgt diese Lieferung konstant und ist unabhängig von konkreten Bestellungen, die zwangsläufig im Vorfeld stattfinden mussten. Die Analogie ist der Milchmann, der nur dann eine neue Flasche Milch vor der Tür abstellt, wenn er eine leere Flasche mitnehmen kann. Wildemann bestätigt, dass in Industrieprojekten mit diesem Konzept die Transportkosten nachhaltig um durchschnittlich 30 % gesenkt werden konnten. Parallel dazu konnte die Lieferzeittreue um 25 % gesteigert werden (Prof. Dr. Horst Wildemann, Dr. Axel Niemeyer).

Beim Fabrikbau für die Produktion des SMART wurde der Milkrun auch hier umgesetzt. Statt die Bauteile der verschiedenen Zulieferer zum Werk zu transportieren, werden die Zulieferer mit im Gewerbepark und teilweise sogar im selben Fabrikgebäude angesiedelt, sodass sich die Transportwege deutlich reduzieren (Stade 2005, S. 1).

Abb. 4.5 Anordnung in der SMART-Fabrik. (Quelle: Stade 2005, S. 1)

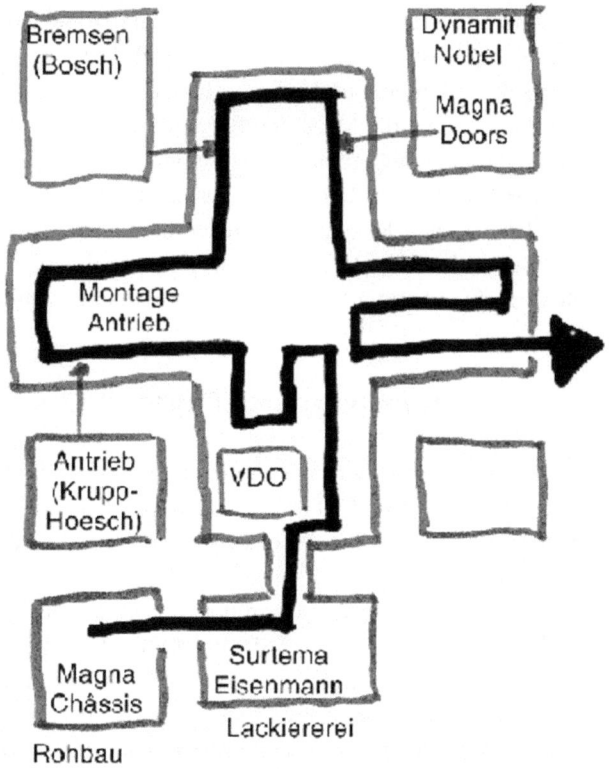

Abbildung 4.5 verdeutlicht, dass sich die Zuliefererbetriebe entweder in unmittelbarer Nähe zum SMART-Werk befinden oder wie beispielsweise bei der Lackiererei direkt in der Werkshalle.

4.3.5 Verschwendung durch Überbearbeitung

Shingo erkennt, dass manche Arbeitsschritte einen direkten Wert zum Endprodukt hinzufügen, andere hingegen nicht. Wird also beispielsweise in einem Arbeitsschritt ein Bauteil montiert und im darauffolgenden, beispielsweise aufgrund eines Defektes, wieder demontiert, so ist dies leicht als Verschwendung erkennbar. Andere Arbeitsschritte, wie beispielsweise bestimmte administrativen Tätigkeiten, die der Organisation der Fabrik dienen und damit nicht direkt der Produktion, erhöhen einerseits weder Wert noch Qualität des Produktes, sind andererseits aber zwingend notwendig, um den Gesamtbetrieb aufrecht zu erhalten. Im Laufe der Zeit wurde die Suche nach der Verschwendung daher immer weiter verfeinert und umfasste schließlich nicht nur das reine Material, sondern betrachtete auch die Faktoren Arbeitskraft, Zeit und Information. Im Bereich der Arbeitszeit und damit der

4.3 Kernideen von Lean

Arbeitsprozesse entstanden Überlegungen, ob und wie groß der Anteil der Arbeitszeit an der tatsächlichen Wertschöpfung sei. Shingo erkennt, dass nur dann dem Produkt wirklich Wert zugefügt wird, wenn tatsächliche Veränderungen an Form oder Qualität stattfinden:

> Nur jene Anteile des Gesamtprozesses fügen dem Produkt wirklich Wert zu, die die Materialien umformen oder deren Qualität verbessern, also jene unabdingbaren Operationen, die tatsächlich Veränderungen von Form und Qualität bewirken […]. (Shingo et al. 1993, S. 51)

Shingo bestärkt die durch Ōno erwähnte Differenzierung von Arbeit in „wertschöpfende", also einen Wertzuwachs erzeugende, und „nicht wertschöpfende" Arbeit. Ziel sei es, den Anteil der wertschöpfenden Arbeit zu erhöhen oder alternativ den der nicht wertschöpfenden zu verringern (Shingo et al. 1993, S. 45–46). Dies erreicht Toyota, indem sich alle Prozessschritte an der Frage nach der Wertschöpfung messen müssen. Wertschöpfende Arbeit gilt es zu fördern, nicht wertschöpfende Arbeit muss gerechtfertigt werden. Sollte es zwingende Gründe hierfür geben, etwa durch gesetzliche Vorgaben, ist diese möglichst effizient auszugestalten. Gibt es nach intensiver Untersuchung allerdings keine zwingenden Gründe, so ist der Prozessschritt aufzulösen.

4.3.6 Verschwendung durch hohe Materialstände

Gibt es Probleme an einer Stelle der Produktionskette, so wirkt sich dies auf alle nachfolgenden Arbeitsschritte aus. Steht beispielsweise eine Maschine für einen längeren Zeitraum, etwa aufgrund einer Umrüstung oder eines Defektes, still, so würde den nachfolgenden Arbeitsschritten nach einer Zeit das Material ausgehen und sie würden ebenfalls stillstehen. Der Zeitraum, bis nachfolgende Produktionsschritte beeinträchtigt werden, lässt sich über entsprechend dimensionierte Zwischenlager beeinflussen. Ist die stillstehende Maschine wieder in Betrieb, kann sie zum Beispiel durch Überstunden die angebrochenen Zwischenlager wieder auffüllen. Diese Zwischenlager verursachen aber nicht nur Lagerkosten, sie binden auch ein nicht unerhebliches Kapital und sind daher gleichgelagert wie die bereits dargestellte Verschwendung durch Überproduktion (Abschn. 6.2.1). Ein weiteres Problem ist, dass durch die Abmilderung der Auswirkungen einer stillstehenden Maschine die Notwendigkeit einer nachhaltigen Lösung des ursprünglichen Problems immer geringer wird. So würde beispielsweise eine Maschine, die öfter für ein oder zwei Stunden ausfällt, unverändert weiterbetrieben, wenn das nachfolgende Zwischenlager Vorräte für mindestens drei Stunden bereit stellt und die ausgefallene Maschine nach deren Instandsetzung dieses Zwischenlager wieder auffüllt. Würde nun dieses Zwischenlager Material für ein oder zwei Stunden bevorraten, müsste diese Maschine genauer untersucht und der Grund für die Ausfälle herausgefunden werden. Dadurch wäre es möglich, die Ausfallzeiten nachhaltig zu reduzieren, statt sie durch Zwischenlager abzumildern. Wird nun die die Materialmenge in den Zwischenlagern sukzessive verringert, würden immer häufiger Pro-

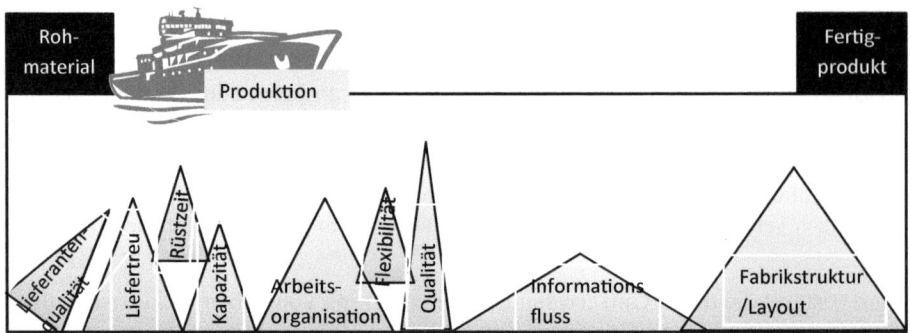

Abb. 4.6 Bestand verdeckt Mängel in der Produktion. (Quelle: eigene Darstellung in Anlehnung an Weyrich 2013, S. 1)

bleme erkennbar werden, die vorher nicht sichtbar waren. Diese können, wie in Abb. 4.6 schematisch dargestellt, beispielsweise mangelhafte Lieferantenqualität, lange Rüstzeiten oder auch schlechte Arbeitsorganisation sein.

Erst durch die Reduzierung der Zwischenlager werden diese Probleme sichtbar und damit potenziell lösbar. Die Schwierigkeit besteht in der Praxis darin, ein ausgewogenes Verhältnis zwischen Aufwand bzw. Erfolgswahrscheinlichkeit der Problemsuche und den Kosten des Zwischenbestandes zu finden. Das Auffüllen der verbliebenen Zwischenlager wird über das in Abschn. 6.2.1 beschriebene kanban-System organisiert, sodass lediglich die entnommenen Teile auch wieder aufgefüllt werden und somit eine Überproduktion vermieden wird.

> Einige Wissenschaftler haben eingewandt, dass das Toyota-Produktionssystem die im Arbeitsprozess befindlichen Zwischenlagerbestände erhöhe, weil ein Bestand unfertiger Teile bei jedem Prozess in Reserve gehalten werden müsse, um damit den Bedarf des nachfolgenden Prozesses abdecken zu können. Tatsächlich jedoch wurde dieser Bestand aber nur gefertigt, um die Teile zu ersetzen, die für bereits verkaufte Produkte entnommen wurden, und nicht für jene, die noch verkauft werden könnten. (Shingo et al. 1993, S. 61)

4.3.7 Verschwendung durch Nacharbeit oder Ausschuss

Auch der Ausschuss, also fehlerhafte Teile, muss konsequent reduziert werden. Dabei gilt es, Probleme während des Produktionsablauf sichtbar zu machen, damit sofort darauf reagiert werden kann. Temporäre Lösungen oder Notbehelfe werden allerdings als nicht geeignet eingestuft, da sie nur die Symptome, nicht aber die Problemursache beseitigen (Shingo et al. 1993, S. 43). Jidoka (deutsche Entsprechung: Autonomisierung) verhindert die Produktion von fehlerhaften Produkten und bedient sich zur Erreichung dieses Ziels bei vier Hilfsmittel.

4.3 Kernideen von Lean

a. „Genchi Genbutsu: Zur Quelle gehen"

Probleme müssen gründlich untersucht werden, um nicht nur die Symptome, sondern die tatsächliche Ursache eines Problems identifizieren zu können. Hierzu definiert Ōno eine iterative Fragemethodik, die durch fünfmalige Nachfragen „Warum?" den wahren Grund eines Problems herausfinden soll. Dadurch ist es möglich, die Ursache eines Problems nachhaltig zu beseitigen und nicht nur dessen Symptome.

Nehmen Sie beispielsweise an, eine Maschine funktioniert nicht richtig. Stellen Sie folgende fünf Fragen:

1. Frage: *Warum* hat die Maschine angehalten?
Antwort: Es hat eine Überlastung gegeben und die Sicherung ist durchgebrannt.
2. Frage: *Warum* hat es eine Überlastung gegeben?
Antwort: Das Lager war nicht ausreichend geschmiert.
3. Frage: *Warum* war es nicht ausreichend geschmiert?
Antwort: Die Ölpumpe hat nicht genügend gepumpt.
4. Frage: *Warum* hat sie nicht genügend gepumpt?
Antwort: Die Welle ist ausgeschlagen und rattert.
5. Frage: *Warum* ist die Welle ausgeschlagen?
Antwort: Es war kein Sieb angebracht und deshalb gerieten Metallsplitter in die Maschine.

Wenn man nach dieser Art fünfmal *warum* fragt, kann man dadurch das Grundproblem eher finden und beseitigen. Geht man nicht so vor, wird man wahrscheinlich die Sicherung oder die Pumpenwelle ersetzen. Dann wird das Problem in ein paar Monaten wieder auftreten (Ōno 1993, S. 43).

Shingo ergänzt das von Ōno empfohlene, fünfmalige Fragen nach dem „warum?" bei der Ursachenermittlung um die Verwendung der sechs „W's" (Wer? Was? Wann? Wo? Wie? Warum?). Dadurch würden auch Umgebungsparameter in die Suche einbezogen (Shingo et al. 1993, S. 52).

b. Andon-Tafel

Eine einfache, gut sichtbare Anzeigetafel informiert das Management sofort, wenn ein Mitarbeiter der Produktion einen Fehler entdeckt. Die Produktionsmitarbeiter übernehmen Verantwortung für die Qualität in ihrem Arbeitsbereich und können, wenn notwendig, die komplette Fertigungslinie anhalten. Die Wiederinbetriebnahme erfolgt erst, wenn die Fehlerursache behoben wurde. Die Andon-Tafeln sorgen für Transparenz und zeigen sowohl dem Management als auch allen Mitarbeitern, wann das Band stoppt (Shingo et al. 1993, S. 93). Abbildung 4.7 zeigt den Prozessablauf von der Feststellung eines Problems, über dessen Visualisierung mittels einer andon-Tafel bis zur Reaktion durch das entsprechende Team.

c. Standardisierung

Die Entwicklung und Verwendung standardisierter Arbeitsaufgaben ist nach Ansicht von Toyota Voraussetzung für konstant hohe Qualität und die Aufrechterhaltung des Produktionstempos. Daher besteht Toyota darauf, „dass alle Mitarbeiter der Pro-

Abb. 4.7 Prozessablauf bei Verwendung einer Andon-Tafel. (Quelle: Swift 2013, S. 1)

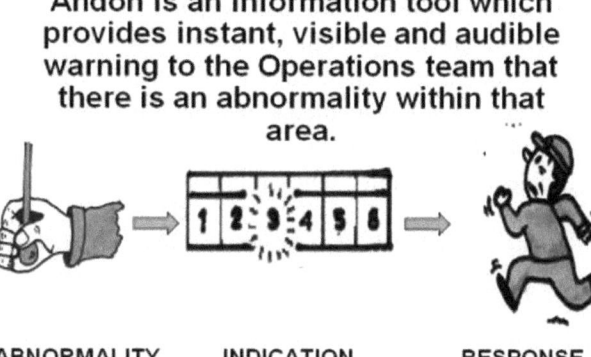

duktion ihre Standard-Arbeitsabläufe selbst beschreiben, weil dies einer objektiven Betrachtungsweise entspricht – ein Verfahren, das weit über die reine Beobachtung […] hinausgeht." Dadurch, so Shingo, werde der Blick des Mitarbeiters geschärft und Verbesserungspotenziale entdeckt (Shingo et al. 1993, S. 121). Toyota verstärkt die Notwendigkeit zur Einbeziehung der Mitarbeiter in die stetige Verbesserung von Arbeitsabläufen noch zusätzlich, indem bestehende und damit unveränderte Standard-Arbeitsabläufe beanstandet werden.

Man erwartet von den betrieblichen Führungskräften, dass sie sich unangenehm berührt fühlen sollen, sobald Standard-Ablaufbeschreibungskarten längere Zeit in Gebrauch sind, weil die Verbesserung im Arbeitsbereich eigentlich laufend weitergeführt werden sollten. (Shingo et al. 1993, S. 121)

Nicht nur Arbeitsabläufe, sondern auch Bauteile können leicht standardisiert werden. Ein berühmtes Beispiel für diese Form von Standardisierung ist das Möbelhaus IKEA, dessen Regalsystem „Billy" 1978 entwickelt und bis 2009 weltweit 41 Mio. Mal verkauft wurde (IKEA 2010, S. 13). Eine belastbare Statistik fehlt, jedoch scheint beinahe jeder Student oder Auszubildender ein solches Regal in der ersten eigenen Wohnung aufgebaut zu haben. Der Vorteil dieses Regalsystems ist die geringe Anzahl unterschiedlicher Komponenten. Abbildung 4.8 stellt 8diese anschaulich dar. Erkennbar ist, dass neben den eigentlichen Holzteilen lediglich sechs unterschiedliche Komponenten notwendig sind, um ein Regal zusammenzubauen.

d. **Poka-Yoke (Fehlervermeidung und Kennzeichnung)**
Poka-Yoke sind Vorrichtungen, die Fehler von Anfang an ausschließen. So können zum Beispiel Teile bauartbedingt nicht falsch eingesetzt werden oder eine leere Maschine lässt sich nicht starten (Shingo et al. 1993, S. 91). Poka-Yoke sind somit quasi simple, aber kreative und zuverlässige Methoden zur Vermeidung von Fehlern beim Zusammenbau von Teilen durch bauliche Anpassung (Toyota Material Handling Deutschland GmbH 2010, S. 10–11). Dieses Prinzip hat mittlerweile in vielen Bereichen Einzug

4.3 Kernideen von Lean

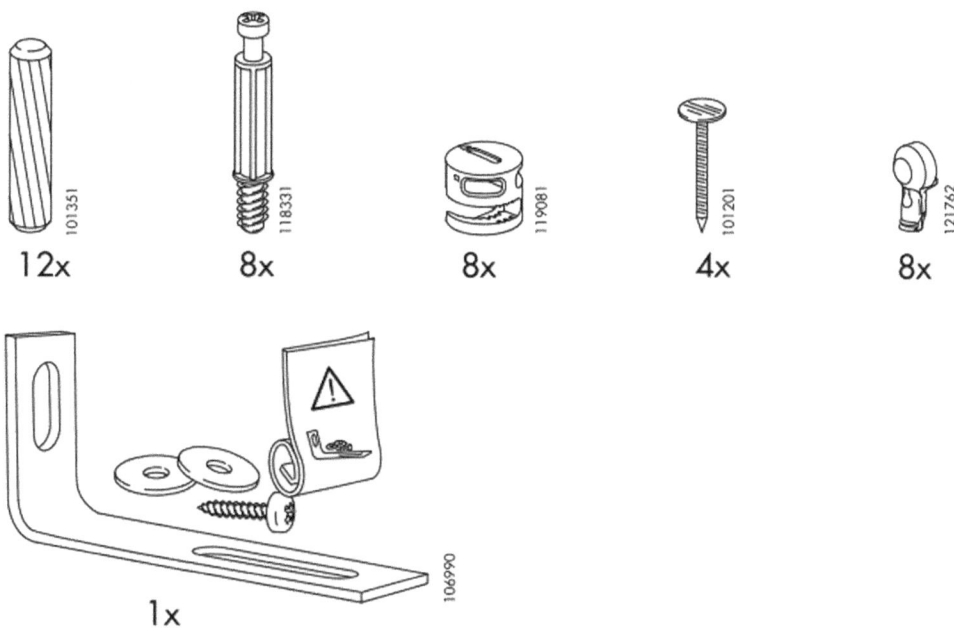

Abb. 4.8 Notwendiges Material für den Zusammenbau eines Regals. (Quelle: IKEA 2013, S. 1)

gehalten. Beispielsweise kann beim Anschluss eines PCs kaum etwas falsch gemacht werden. Die notwendigen Kabel können lediglich komplett vergessen, aber nicht falsch angeschlossen werden. Abbildung 4.9 zeigt die Steckerleiste eines PCs mit einigen eingesteckten Kabeln. Die Stecker passen nur auf die dazugehörigen Buchsen und nirgends anders. In wenigen Fällen sind einige Stecker/Buchsen identisch und werden dann farblich unterschieden. Die hierzu nötigen motorischen und kognitiven Anforderungen an den Benutzer werden etwas überspitzt mit einem Sortierspiel für Kinder verglichen, in welchem runde, viereckige und dreieckige Steine durch eine entsprechende Schablone gesteckt werden sollen.

Zusammenfassend ist die Vermeidung von Verschwendung durch Nacharbeit oder Ausschuss einer der schwierigeren Aufgaben. Shingo ist sich bewusst, wie schwierig die Lösungssuche sein kann, da einerseits temporäre Lösungen oder Notbehelfe nicht akzeptabel sind, andererseits ein längerer Stillstand der Produktion nicht immer möglich ist. Er duldet daher den Status quo so lange, bis ein Weg gefunden wurde, die Verschwendung dauerhaft zu beseitigen (Shingo et al. 1993, S. 50). Unumgänglich sei jedoch die Änderung im Denken aller Beteiligten, nach Verschwendung, auch wenn diese zuerst als nicht lösbar erscheint, permanent zu suchen:

> Wir können Verschwendung nicht finden und beseitigen, wenn wir nicht nach ihr Ausschau halten. (Shingo et al. 1993, S. 50)

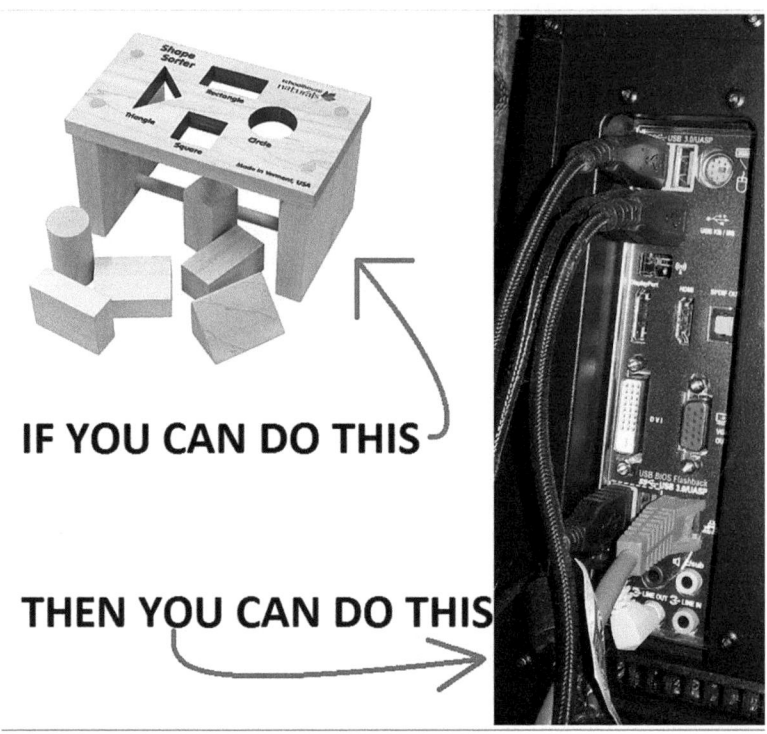

Abb. 4.9 Prinzip des Poka-Yoke. (Quelle: Walters 2012, S. 1)

Die Beseitigung von Fehlerquellen kann durch 100%-Kontrolle erreicht werden. Diese kann entweder durch Ursachenkontrolle, bei der ein entdeckter Fehler bis zu dessen Ursprung zurückverfolgt wird, durch Selbstkontrolle, bei der jeder Arbeiter seine eigene Arbeit kontrolliert, oder durch Folgekontrolle, bei der nachfolgende Arbeiter die Arbeit des vorangegangenen Arbeiters kontrolliert, erfolgen (Shingo et al. 1993, S. 89). In Abb. 4.10 ist diese Vorgehensweise schematisch dargestellt. Bearbeiter 1 erledigt seine Arbeit und übergibt an Bearbeiter 2. Dieser kontrolliert die Arbeit des Bearbeiters 1 und beginnt dann mit seiner eigentlichen Bearbeitung. Anschließend übergibt er an Bearbeiter 3, der seinerseits die Arbeit des Vorgängers kontrolliert und dann mit seiner Bearbeitung beginnt. Dieser Ablauf setzt sich bis zum Ende des Arbeitsschrittes fort. Der letzte Bearbeiter kontrolliert dann entweder die eigene Arbeit abschließend oder übergibt alternativ das fertige Produkt an einen Qualitätsprüfer.

4.3.8 Kontinuierliche Verbesserung

Toyota erkannte, dass die Arbeiter, die täglich mit der Herstellung, dem Transport und damit auch mit den Problemen beschäftigt sind, das größte Potenzial für Anregungen und Vorschläge haben, um den Produktionsprozess zu optimieren. Daher wird versucht, dieses

4.3 Kernideen von Lean

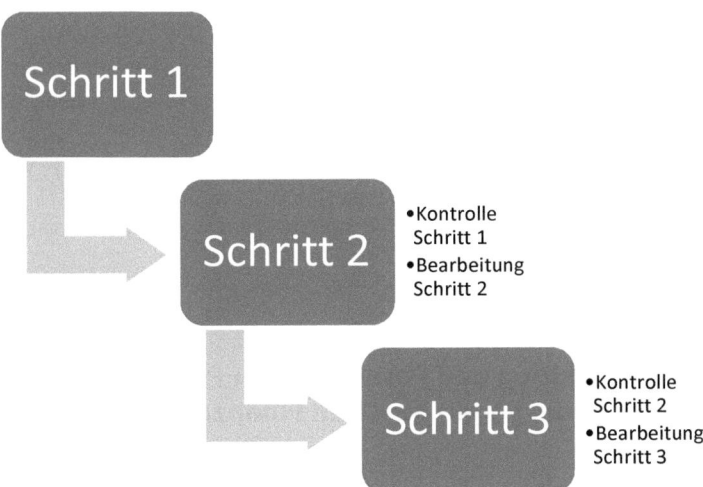

Abb. 4.10 Qualitätskontrolle durch den nachfolgenden Bearbeiter. (Quelle: eigene Darstellung in Anlehnung an Shingo et al. 1993, S. 209)

Potenzial nutzbar zu machen. Die Arbeiter werden aktiv an der Optimierung ihrer Arbeitsbereiche beteiligt und dies auch betrieblich, zum Beispiel durch hierfür frei gehaltene Zeit oder bewusst eingesetzte Arbeitsgruppen unterstützt. Toyota begann 1976 mit einer Quote von 10,6 Verbesserungsvorschlägen pro Jahr und pro Arbeiter und einer Realisierungsrate von 83 %. Nur vier Jahre später betrugen die Vorschlagsquote 18,7 und die Realisierungsrate 94 % (Shingo et al. 1993, S. 45–46). Diese massive Steigerung der Vorschlagsquote und der Realisierungsrate zeigt den Erfolg der Mitarbeiterbeteiligung.

4.3.9 Kulturänderung

Toyota gelang es, nicht nur einzelne Bereiche seiner Produktion zu verbessern, sondern einen Kulturwandel im gesamten Werk zu erreichen. Jeder Mitarbeiter, vom einfachen Arbeiter bis zur Geschäftsführung, kann sich mit den Produkten identifizieren und trägt zum Erfolg von Toyota bei. Die einzelnen Verbesserungen oder Techniken würden isoliert keine große Auswirkung auf den gesamten Betrieb haben. Erst wenn das Bewusstsein jedes Einzelnen sich auf die Vermeidung von Verschwendung fokussiert, können Techniken und Methoden, wie etwa kanban zum Erfolg führen.

> Man muss Verluste und Verschwendung grundsätzlich vermeiden und erst einmal Verbesserungen im eigenen Produktionssystem durchführen, bevor Techniken wie kanban überhaupt irgendwie von Nutzen sein können. (Shingo et al. 1993, S. 37)

Das gesamte Prinzip steht und fällt mit der Unterstützung des Managements. Die Verringerung der Zwischenlager beispielsweise wird am Anfang zwangsläufig zu Problemen führen und das Produktionsband wird im Anfangsstadium häufiger stehen, statt zu laufen. Das Management muss darauf vertrauen, dass sich diese anstrengende und risikoreiche Zeit zugunsten von nachhaltigen und andauernden Verbesserungen lohnen wird.

> Anlässlich einer Werksbesichtigung wurde einem […] Besucher erklärt: […] „Wenn sich ein Management nicht rückhaltlos damit einverstanden erklären sollte, die Maschinen oder das Montageband anzuhalten, dann ist es völlig sinnlos, das Toyota-Produktionssystem einzuführen". (Shingo et al. 1993, S. 93)

4.4 Weiterentwicklung und Potenziale der Philosophie von Lean für die Herausforderungen der IT im Finanzdienstleistungssektor

Die bislang dargestellten Methoden von Lean beziehen sich originär auf die Automobilindustrie und lassen sich nachvollziehbar auch auf andere Produktionsunternehmen übertragen. Seit den 1990ern sind in der Literatur immer wieder Ansätze zu finden, wie die Philosophie von Lean auch in der öffentlichen Verwaltung, sowie im Management im Allgemeinen genutzt werden kann. Steger betrachtet die Situation in der öffentlichen Verwaltung und sucht nach Wegen, diese zu verbessern. Er nennt dies Lean Administration und sieht es ebenso wie Toyota als Führungsaufgabe an, grundsätzliche Veränderungen zur Situationsverbesserung zu nutzen und nicht nur akute Problembehandlung durchzuführen. Damit formuliert er im Wesentlichen identische Ziele wie Lean. Steger sieht aber auch dieselben Umsetzungsschwierigkeiten wie Ōno, wenn er die einzuleitenden Prozesse als schmerzhaft für die Betroffenen beschreibt.

> Es ist eine wichtige Aufgabe für die Führung, diese Erkenntnisse als Chance für die grundsätzliche, positive Veränderung in Strukturen, Abläufen und Kultur zu nutzen und nicht nur akute Probleme zu lösen, sondern durch eine veränderte Form der Einbeziehung der Mitarbeiter in die Verantwortung dauerhaft positive Entwicklungen zu schaffen. (…) Andererseits: Die hier einzuleitenden Prozesse sind für die Betroffenen oftmals äußerst schmerzhaft. Sie sind damit verbunden, dass komfortable Nischenpositionen aufgegeben werden müssen oder lange vorgeplante Karrierewege sich nicht mehr realisieren lassen – zum Teil sogar die persönliche Geschäftsgrundlage für die Aufnahme einer Tätigkeit im öffentlichen Sektor entfällt. (Steger 1994, S. 125)

Zur Zielerreichung etabliert Steger einen sogenannten „Lean Administrator", der sowohl als zentraler Ansprechpartner dienen, als auch den Kulturwandel umsetzen soll. Hierzu definiert Steger Anforderungen an diesen Lean Administrator. Die wesentlichen Qualitätsanforderungen an den Lean Administrator bestehen aus neun Themengebieten. Diese umfassen die

- Verlagerung der Verantwortung für das jeweilige Produkt- bzw. Dienstleistungsangebot und seinen finanziellen Erfolg in die unmittelbare Nähe des Marktes und der Kunden,
- Entwicklung von klaren Bemessungskriterien und Zielvorgaben,

- Prozess- und Teamorientierung,
- Nutzung von Synergien,
- Qualitätsorientierte Kundenbedienung,
- Nutzerorientierte Kommunikations- und Informationsmöglichkeiten,
- Motivation von Mitarbeitern (Leistungsanreize),
- Lernorientierung,
- Konzentration auf Wertschöpfung (Steger 1994).

Hier wird der Einfluss der Lean-Prinzipien deutlich sichtbar. Es ist allerdings auch erkennbar, dass es sich bei den neun Themengebieten von Steger eher um Absichtserklärungen und Wünsche handelt, während Toyota bereits deutlich konkretere Umsetzungsmethoden erarbeitet hat. Insgesamt erscheint die Lean Administration am Anfang ihres Entwicklungspotenzials zu stehen, während das TPS deutlich weiter entwickelt ist. Braczyk greift die Lean Administration für den Bereich Dienstleistung und Verwaltung auf und sieht analog zu Ōno in der Arbeitsaufteilung der Massenfertigung wenig Flexibilität und Kundenorientierung.

> Die Taylorisierung der Arbeit mit ihrer rigiden Trennung von Planung, Ausführung und Kontrolle hat sich auch im Angestelltenbereich in Zeiten einer verstärkten Kundenorientierung als Motivationsblocker erwiesen […]. (Braczyk 1996, S. 114)

Braczyk beschreibt das Symptom der mangelnden Informationsweitergabe und fehlenden Transparenz am Beispiel eines mittleren Vorgesetzten, der Informationen, die Zweifel am Erfolg im jeweiligen Marktsegment geben könnten, systematisch entweder zu spät oder gar nicht weiterleitet. Das gleiche Verhalten sieht er auch bei den beauftragten Dienstleistern, da es sich hier häufig um kleinere Firmeln handelt, die opportunistisch agieren und wichtige Informationen, die ihnen zu Ungunsten gereichen könnten, unterdrücken (Braczyk 1996, S. 116–121). Görner beschäftigt sich anlässlich des 1995 stattgefundenen Beamtenpolitischen Forums mit der Übertragbarkeit von Lean auf die öffentlichen Verwaltung. Sie bestätigt die Tendenz, Verantwortung von sich zu weisen. Görner sieht die Ursache allerdings nicht wie Braczyk im opportunistischen Verhalten der Vorgesetzten und Dienstleister, sondern in den häufigen Kontrollinstanzen, in deren Konsequenz jeder davon ausgeht, dass eventuelle Fehler durch nachfolgende Instanzen erkannt und korrigiert werden würden. Dadurch würde sich der einzelne Mitarbeiter für die Qualität seiner Arbeitsleistung nicht mehr verantwortlich fühlen.

> Verkrustete, kostenträchtige Strukturen sind immer noch typisch für den öffentlichen Dienst. Das ärgert nicht nur die BürgerInnen, sondern belastet und demotiviert auch die Beschäftigten. […] Hierarchien, in denen jeder Vorgang Dutzende Male kontrolliert wird und für den sich – wegen dieser Kontrollorgien – letztendlich niemand mehr verantwortlich fühlt. […] Das sind […] wesentliche Ursachen für Verschwendung und Unwirtschaftlichkeit. (Görner 1995, S. 9)

Alle diese Hinweise und Erkenntnisse klingen ähnlich der Ausgangssituation bei der Massenproduktion von Ford, welches Toyota mittels TPS lösen konnte. Bungard rät aber von einer blinden Nachahmung der Lean-Prinzipien ab. Man könne Lean nicht anwenden, ohne die dahinter liegende Philosophie verstanden zu haben.

Bungard stellt in Anlehnung an die 1989 erstellte gutachterliche Stellungnahme des Frankfurter Instituts für wirtschaftspolitische Forschung e. V. für den „Kronberger Kreis" fest, dass im öffentlichen Dienst bereits geeignete Reform- und Reorganisationsinstrumente vorhanden seien. Er spricht von insgesamt sieben erprobten Maßnahmen, die der Philosophie von Lean sehr ähnlich klingen. So proklamiert er die Rückverwandlung sinnloser in sinnvolle Arbeit, die Selbstkontrolle der öffentlichen Verwaltung durch Marktfeedback, die Übertragung von Kompetenzen an die wertschöpfende Ebene, verwirrende Überregulierung durch Eigenverantwortung zu ersetzen, die Etablierung einer Wertschöpfungskette, die Öffnung der Verwaltung für Neues und Besseres und abschließend die Einbindung der Bürger/innen in die Leistungskontrolle. Für jede dieser Maßnahme nennt er konkrete Ziele, wie etwa die Unterschriftsbefugnisse an die Bewirtschaftungsebene zu delegieren oder Ziele anstatt Handlungsvollzüge vorzugeben (Bungard 1995, S. 83–86). Insgesamt ist aber auch hier die Methodik nur angedeutet, die Umsetzung oft theoretischer Natur und meist nur als Einzelmaßnahmen praxiserprobt. Hinweise auf eine ganzheitliche, die gesamte Unternehmung bzw. Verwaltung übergreifende Kulturänderung fehlen.

Metzen steuert einen Beitrag bei, der gemachte Fehler in der stufenweisen „Lean Reorganization" beschreibt und in drei Stufen der gelebten Unternehmenskultur aufteilt. Die erste, am niedrigsten entwickelte Stufe ist das „Mean Management", welches Metzen als „Cowboy-Management" versteht. In Tab. 4.2 stellt er die verschiedenen Themenbereiche, wie etwa Bilanzierung, Reorganisation oder Zukunftsfähigkeit gegenüber. In dieser ersten Stufe, dem Mean Management, würde die vorherrschende Kultur im Themenbereich der Bilanzierung eine Unterdrückung interpretationsfähiger Daten und die Täuschung der Gläubiger bedeuten. Bei der Reorganisation würden Schnellschüsse vorherrschen, die Wehrlose belasten oder unliebsame Bereiche absterben lassen würde. Die Zukunftsfähigkeit ist ähnlich schwierig, hier würde die Maxime „fliehen und neppen" lauten. Die nächste Entwicklungsstufe wäre das „Dean Management", womit Konfliktvermeidung gemeint ist. Klar wird dies bei der Bilanzierung, da hier die Leugnung der Krisenhaftigkeit und die Behauptung unerschlossener Reserven dominiert. Im Bereich der Reorganisation wird das obere Management deutlich geschont, notwendige und unliebsame Maßnahmen auf externe Berater übertragen und hauptsächlich Scheinreformen zur allgemeinen Beruhigung durchgeführt. Gänzlich anders sei die Situation im Lean Management zu sehen. Hier würde im Bereich der Bilanzierung eine offene Gesamtrechnung und Ursachenforschung betrieben, auf der künftige Maßnahmen beruhen würden. Bei der Reorganisation gebe es zwar einen radikalen Wertewandel für sämtliche Mitarbeiter, welcher aber von einem Aufbauprogramm mit langfristigen Schwerpunkten und der Nutzung aller Kooperationsmöglichkeiten zur Erschließung zusätzlicher Ressourcen flankiert werden würde (Bungard 1995, S. 87).

4.4 Weiterentwicklung und Potenziale der Philosophie …

Tab. 4.2 Kulturstufen der Lean Reorganization in Verwaltung und Betrieben. (Quelle: Bungard 1995, S. 87)

Stufe\Kultur	Mean Management	Dean Management	Lean Management
Bilanzierung (wo stehen wir?)	Untedrückung interpretationsfähiger Daten	Leugnung der Krisenhaftigkeit und Behauptung unerschlossener Reserven	Offene Gesamtrechnung und Ursachenforschung zum künftigen Gegensteuern
	Täuschung der Gläubiger		
Notversorgung (was rettel uns im Moment?)	Abwälzung der Schulden auf schwächere Marktpartner	Bilanzkosmetik zur Aufrechterhaltung der Schuldenfähigkeit	Verständigung über Notoperation
			Vertrag über künftigen Genesungsweg (Sicherheit für Alle)
Konsolidierung (wie gewinnen wir unsere Handlungsfähigkeit zurück?)	Zusammenstreichen	Keinem wehtun: Streicheln und Streichen	Gemeinsames Bodensharing
	Drastische Umverteilung zu Gunsten der Lobby	Abgabenerhöhung für viele	Erschließung neuer Leistungsressourcen
		Sanfte Umverteilung nach unten	Abbau leistungshemmender Momente
Reorganisation (was können wir besser ausführen, organisieteren, kommunizieren?)	Schnellschüsse	Oben schonen	Radikaler Wertewandel für Alle
	Absterben lassen	Übertragung notwendiger „Operalionen" an externe Berater	Aufbauprogramm mit langfristigen Schwerpunkten
	Wehrlose belasten	Scheinreformen zur Beruhigung Allcr	Nutzung aller Kooperationsmöglichkeiten zur Erschließung zusätzlicher Ressourcen
Zukunftsfähigkeit (was tun für morgen?)	Fliehen und neppen	Protektion und Belastung des Umfelds	Konzentration auf eigene Stärken und Synergien mit dem Umfeld

Hofmann konzentriert sich in seinem Beitrag verstärkt auf die Implikationen des Lean Management-Ansatzes für die Führungshierarchie. Die Delegation von Verantwortung in niedrigere Hierarchiestufen und die verstärkte Einbeziehung jedes einzelnen Mitarbeiters verursachen eine Abflachung der Hierarchie und damit einen Abbau von Führungspositionen, zum Beispiel durch Zusammenlegung von Funktionen. Dies löst direkte Änderungen der Führungskultur aus, verändert die bislang gültigen Machtstrukturen grundlegend und erhöht schließlich auch die Anzahl der einer Führungskraft direkt unterstellten Mitarbeiter. Hofmann rechnet daher mit einer Blockadehaltung aus Angst vor Macht-,

Status- und Positionsverlust und nennt es etwas blumig eingeschränkte Veränderungsbereitschaft. Darüber hinaus sieht er die Gefahr von Defiziten bei den dann geforderten sozialen und methodischen Kompetenzen und sieht eine mögliche Überforderung durch die Übernahme neuer, komplexer Aufgaben aus der darüber liegenden Hierarchieebene. Auch das Führungsverhalten der Hierarchieebene der Meister, also quasi der Teamleiter, verändert sich hin zu koordinierender, beratender, moderierender und unterstützender Tätigkeit und damit weg von Kontroll- und Überwachungsaufgaben (Bungard 1995, S. 114–121). Hofmann weist allerdings auch nur auf diese Widerstände hin, ohne konkrete Gegenmaßnahmen zu nennen. Wildemann hat sich der unausgereiften Umsetzungsmethoden angenommen und einen Leitfaden für Reengineering-Projekte im Finanzdienstleistungssektor entwickelt. Er enthält verschiedene Management- und Analysemethoden und schließt mit Fallstudien, mit denen er die Verbesserungspotenziale in unterschiedlichen Bereichen verdeutlicht (Wildemann 2010, S. Präambel). Diese Reengineering-Projekte wirken auf der Aufwandsseite der Gewinn- und Verlustrechnung (GuV) und sollen die allgemeinen Verwaltungsaufwände, Abschreibungen und Sachaufwendungen für das Bankgeschäft (inkl. IT-Kosten) senken (Wildemann 2010, S. 24). Wildemann legt als Fundament für das Reengineering fünf Leitlinien fest. Es handelt sich dabei um die Kundenorientierung, die Unternehmenswertsteigerung, die Wertschöpfungs- und Kostenorientierung, die Qualitätsorientierung, sowie die Zeitorientierung. Die Kundenorientierung bedingt eine möglichst hohe Deckung zwischen Kundenanforderung und Prozessmerkmal, wobei sich die Strategie der Kundenorientierung je nach Ausgangssituation des Unternehmens (zum Beispiel Direktbank, Filialbank) und der Zielgruppe (zum Beispiel aktuelle, ehemalige oder zukünftige Kunden) unterscheidet. Wildemann greift dabei auf die Philosophie von Lean zurück, indem er ein Kunden-Lieferanten-Prinzip propagiert, in welchem alle Abläufe, Strukturen und Informationen nicht nur an Kundenbedürfnisse auszurichten, sondern darüber hinaus nicht nur der externe Verbraucher, sondern alle Leistungseinheiten innerhalb einer Prozesskette als Kunden anzusehen sind. Eine Steigerung der Kundenorientierung ließe sich demnach entweder durch Steigerung des Leistungsangebotes und/oder durch Steigerung des Interaktionsverhaltens erreichen (Wildemann 2010, S. 26–32). Die Orientierung am Unternehmenswert berücksichtigt die Ansprüche der verschiedenen Interessengruppen und lässt sich mit der Fokussierung des Geschäftsmodells, der Erhöhung der Effizienz operativer Einheiten und der Sicherung dauerhaften Wachstums erreichen. Diese Erfolgsfaktoren bauen aufeinander auf, denn „Fokussierung ermöglicht Effizienz, Effizienz erlaubt wertschaffendes Wachstum" (Wildemann 2010, S. 33–36). Die Wertschöpfungs- und Kostenorientierung soll Verschwendung vermeiden. Wildemann benutzt hierzu unter anderem den Begriff der Blindleistung und meint damit eine Leistungserbringung, die vom Kunden gar nicht gewünscht und damit auch nicht bezahlt würde. Aktivitäten werden daher immer aus Kundensicht beurteilt und nicht werterhöhende Aktivitäten, wie etwa Doppelarbeit, Prozessineffizienzen, vermeidbare Qualitätskosten (Vier-bis-sechs-Augen-Prüfung) oder eine mangelnde Gesamtkonzeption der IT-Landschaft, sollen erkannt und abgebaut werden (Wildemann 2010, S. 37–39). Die Ähnlichkeit zu den Verschwendungsarten von Lean ist hierbei deutlich zu erkennen. Wildemann beziffert die

4.4 Weiterentwicklung und Potenziale der Philosophie …

Kostensenkungspotenziale auf zehn bis 30 %. Allein auf die Informationstechnologien bezogen setzt Wildemann Kostensenkungspotenziale von 20 % an (Wildemann 2010, S. 42). Die Qualitätsorientierung soll stabile, fehlerfreie Prozesse etablieren und mit der Schaffung von Kundennutzen verbinden. Als Voraussetzung zur Qualitätsverbesserung sieht Wildemann die Motivation, Qualifikation und Arbeitsorganisation der Mitarbeiter an, sodass sich jeder Mitarbeiter mit diesen Qualitätszielen identifizieren kann (Wildemann 2010, S. 43–48). Die Zeitorientierung betrachtet die Anpassungsfähigkeit von Produkten und Prozessen an veränderte Marktbedürfnisse. Die Strategien der Zeitorientierung sind die Zeitverkürzung (durch Verringerung nicht wertschöpfender Tätigkeiten), die intensive Nutzung der Zeit (durch Effizienz, Vermeidung von Verschwendung und Priorisierung) und die Flexibilität (durch strukturierte Vernetzung und Synchronisation, sowie Parallelisierung von Aktivitäten) (Wildemann 2010, S. 49–52). Diese fünf Leitlinien werden nach Wildemann vom sogenannten organisatorischen Lernen umschlossen. Dieses sorgt für nachhaltige Verbesserungen und eine methodische Weiterentwicklung eines Unternehmens (Wildemann 2010, S. 59). Die Ausführungen von Wildemann machen deutlich, dass ein erfolgreiches Reengineering-Projekt einer derartigen Dimension und Größe nicht nur das gesamte Unternehmen betrifft, sondern auch als Top-Down, also vom oberen Management getragen und umgesetzt werden muss. An dieser Stelle eignet das Zitat von Shingo erneut, wenngleich dieses bereits im Abschn. 6.2.9 verwendet wurde. Er unterstreicht die Wichtigkeit der unbedingten Unterstützung durch das Management:

> Anlässlich einer Werksbesichtigung wurde einem […] Besucher erklärt: […] „Wenn sich ein Management nicht rückhaltlos damit einverstanden erklären sollte, die Maschinen oder das Montageband anzuhalten, dann ist es völlig sinnlos, das Toyota-Produktionssystem einzuführen". (Shingo et al. 1993, S. 93)

Gestaltungsfelder sind in jedem Unternehmensbereich zu finden und dürfen nicht isoliert betrachtet werden, sondern haben Wechselwirkungen aufeinander. Der Bereich der IT wird beispielsweise sowohl durch veränderte Prozesse in den Fachbereichen beeinflusst, hat aber auch seinerseits Auswirkungen auf die Fachbereiche in seiner Funktion als „Business-Enabler". Wildemann sieht die IT daher ins Zentrum, aber auch ins Fadenkreuz der Unternehmensentwicklung von Finanzdienstleistern rücken. Er empfiehlt der IT daher drei Strategien. Strategie 1 sieht die IT als Enabler und entwickelt den IT-Bereich zu Gestaltern und Planern. Die von Wildemann als „Feuerwehrmentalität" bezeichnete Reaktion auf Krisen soll dem antizipierten Agieren der IT weichen. Wildemann betont, dass die Informationsverarbeitung Kernkompetenz von Finanzdienstleistern ist. Strategie 2 ist die Integration, in welcher veraltete Strukturen, heterogene Teilsysteme, eine Vielzahl von Schnittstellen und „Insellösungen" hin zu modernen, marktorientierten Strukturen mit explizitem Schnittstellenmanagement weiterentwickelt und die IT-Strukturen an den bankbetrieblichen Geschäftsfeldern ausgerichtet werden. Strategie 3 ist die Kostenführerschaft und beinhaltet die kritische Auseinandersetzung von Outsourcing versus Insourcing oder Kooperation in Abhängigkeit von Rahmenbedingungen, Know-how-Abwanderung, Synergiepotenzialen und Verfügbarkeit bzw. Verlässlichkeit von Dienstleistern

(Wildemann 2010, S. 106–111). Wildemann stellt anschließend 27 konkrete Methodenbausteine zur Umsetzung eines Reengineeringprojektes vor (Wildemann 2010, S. 123). Hierzu zählen beispielsweise das Prozessbenchmarking, mit welcher eine Produktivitätssteigerung durch laufende Verbesserung der Geschäftsprozesse erreicht werden soll, die Funktions- und Leistungsanalyse zur Verifizierung der effektiven Kapazitätsbedarfe, die Identifikation nicht wertschöpfender Tätigkeiten und Methoden zur Bewertung der Leistungstiefe und damit die Grundlage von Make-or-Buy-Entscheidungen. Die von Wildemann empfohlene, grundsätzliche Fokussierung auf die Wirtschaftlichkeit der IT-Prozesse bedeutet die Vermeidung funktionaler Über- als auch Unterdeckung (Wildemann 2010, S. 461–483). Verfehlt der Leistungsumfang der angebotenen Services die Erwartungen des Kunden, liegt also eine Unterdeckung vor, so stellt dies einen Wettbewerbsnachteil dar. Übererfüllt ein Service allerdings die Kundenwünsche, handelt es sich also um eine Überdeckung des Service, so werden Arbeiten verrichtet, die vom Kunden gar nicht bezahlt werden.

Wildemann zeigt in seinen Fallbeispielen aus der Finanzdienstleistungsbranche diverse Projekte, die auf den ersten Blick nicht mit dem direkten Unternehmensziel in Verbindung gebracht werden. Er konnte durch die Restrukturierung der Einkaufsprojekte ein Einkaufsvolumen von 500 Mio. € um 14 % senken. Durch Einführung eines Kennzahlensystems zur Verbesserung des Logistikprozesses bei Druckwaren konnten 2,3 Mio. € eingespart werden (Wildemann 2010, S. 499–571).

Literatur

Braczyk, H.-J. (1996). *Neue Organisationsformen in Dienstleistung und Verwaltung. Veröffentlichungen der Akademie für Technikfolgenabschätzung in Baden-Württemberg*. Stuttgart: Kohlhammer.
Bungard, W. (1995). *Lean Management auf dem Prüfstand. Arbeits- und Organisationspsychologie in Forschung und Praxis* (Bd. 1). Weinheim: Beltz Psychologie-Verl.-Union.
Görner, R. (1995). *Lean administration?: Beamtenpolitisches forum '95* (1995.Aufl.). Düsseldorf: DGB.
House of Commons. (2012). Inflation: the value of the pound 1750–2011: Research paper 12/31. http://www.parliament.uk/briefing-papers/RP12-31.pdf. Zugegriffen: 11. Aug. 2013.
IKEA. (2010). Ikea-Katalog. o.V.
IKEA. (2013). Montageanleitung Billy-Regal. http://www.ikea.com/ms/de_DE/img/rooms_ideas/Assembly_instructions_12/BILLY_BUEREG_106.pdf. Zugegriffen: 3. Aug. 2013.
International Organization of Motor Vehicle Manufacturers. (2013). 2012 production statistics. http://oica.net/category/production-statistics. Zugegriffen: 21. Juli 2013.
Liker, J. K. (2004). The Toyota way: Fourteen management principles from the world's greatest manufacturer. Books 24 × 7. Executive summaries. (Concordville, Pa.), (Norwood, mass: soundview executive book summaries; distributed by Books24 × 7.com).
Netzwerk GMA. (2013). Verschwendung vermeiden – Wertschöpfung steigern http://www.netzwerkgma.eu/base/page/show_article.php?a=1454. Zugegriffen: 11. Aug. 2013.
Ōno, T. (1993). *Das Toyota-Produktionssystem*. Frankfurt a. M.: Campus-Verlag.

Shingo, S., Raab, H. H., & Hesse, R. (1993). *Das Erfolgsgeheimnis der Toyota-Produktion: Eine Studie über das Toyota-Produktionssystem – genannt die „Schlanke Produktion"* (2. Aufl.. Japan-Service). Landsberg am Lech: Verl. Moderne Industrie.

Stade, M. (2005). Zerbrechliche Modellfabrik: Der Streik bei SMART im Nov. 1999/Wildcat-Zirkular Nr. 55. http://www.wildcat-www.de/zirkular/55/z55smart.htm. Zugegriffen: Aug. 2013.

Steger, U. (1994). *Lean Administration: Die Krise der öffentlichen Verwaltung als Chance. Schriftenreihe/Haniel-Stiftung* (Bd. 7). Frankfurt a. M.: Campus-Verlag.

Swift, P. (2013). Andon. http://www.beyondlean.com/andon.html. Zugegriffen: 3. Aug. 2013.

Teicher, K. (1994). *Entstehung und Aspekte der lean production am Beispiel der Entwicklung von Toyota. Soziale und wirtschaftliche Studien über Japan, Ostasien* (Bd. 93). Berlin: Ostasiatisches Seminar der Freien University Berlin.

Toyota Material Handling Deutschland GmbH. (2010). Das Toyota Produktionssystem und seine Bedeutung für das Geschäft. http://www.pdf.toyota-forklifts-info.de/Broschuere_TPS.pdf. Zugegriffen: 29. Juli 2013.

Universität Kaiserslautern. (1997). Das Problem des Handlungsreisenden. http://www.uni-kl.de/AG-AvenhausMadlener/tsp-ger.html. Zugegriffen: 14. Aug. 2013.

Walters, Ch. (2012). Imagery of Poka-Yoke. http://leanblitz.net/2012/08/imagery-of-poka-yoke/. Zugegriffen: 30. Juli 2013.

Weyrich, M. (2013). „Effizienzkiller" in der produzierenden Industrie und ihre Auswirkungen auf die Auftragsbewältigung. http://wiki.zimt.uni-siegen.de/fertigungsautomatisierung/index.php/%E2%80%9EEffizienzkiller%E2%80%9C_in_der_produzierenden_Industrie_und_ihre_Auswirkungen_auf_die_Auftragsbew%C3%A4ltigung. Zugegriffen: 15. Aug. 2013.

Wildemann, H. (2010). *Finanzdienstleister: Leitfaden zur Implementierung schlanker Prozesse und Strukturen. Leitfaden/Transfer-Centrum für Produktions-Logistik und Technologie-Management* (8. Aufl., Bd. 74). München: TCW-Verlag.

Womack, J. P., Jones, D. T., Roos, D., & Stotko, E. C. (1992). *Die zweite Revolution in der Autoindustrie: Konsequenzen aus der weltweiten Studie aus dem Massachusetts Institute of Technology* (6. Aufl.). Frankfurt a. M.: Campus Verlag.

Lean IT 5

5.1 Abstract des Kapitels „Lean IT"

Die Erreichung einer Lean IT bedingt die strukturierte Ableitung von konkreten Zielen und Aufgaben für die IT aus der Unternehmensstrategie. Hierzu eignet sich die Balanced Scorecard (BSC), welche konkrete und operativ verständliche Vorgaben erarbeitet und mit den daraus entstehenden, messbaren Kennzahlen die Erfolgsfaktoren der Zielerreichung sichtbar macht. Die erste Perspektive ist die Finanzperspektive und beschäftigt sich mit der Frage, welche Strategie die Ertragskraft und den Wert des Unternehmens sichern bzw. steigern würde. Die zweite Perspektive ist die Kundenperspektive und betrachtet die Kundensicht auf das Unternehmen und die angebotenen Produkte. Die interne Prozessperspektive stellt die dritte Perspektive dar. Hierbei sollen interne Prozesse verbessert und auf die Kundenzufriedenheit ausgerichtet werden. Die vierte und letzte Perspektive ist die Lern- und Wachstumsperspektive, in welcher die Anpassungsfähigkeit und Innovationsfreudigkeit des Unternehmens betrachtet und anhand der Zeitspanne zwischen Entwicklung eines neuen Produktes und dessen Markteinführung („time-to-market"), dem Durchschnittsalter der Produkte, aber auch der Mitarbeiterzufriedenheit und der Wirksamkeit von Weiterbildungsmaßnahmen gemessen werden kann. Wird eine im Finanzsektor allgemein gebräuchliche Unternehmensstrategie zu Grunde gelegt, dann ergibt sich für die Finanzperspektive das Ziel der Kostensenkung, für die Kundenperspektive das Ziel des Business-Enablers, für die interne Prozessperspektive das Ziel der Effizienz und für die Lern- und Wachstumsperspektive das Ziel, proaktiv und zukunftsorientiert zu handeln. Ein Abgleich mit den Fähigkeiten von ITIL ergibt, dass alle diese Bereiche durch die Umsetzung bzw. Anwendung des Servicelebenszyklus von ITIL abgebildet werden können. Bei genauerer Betrachtung dieser Fähigkeiten mittels SWOT-Analyse (englisches Akronym aus Strengths, Weaknesses, Opportunities, Threats), also der Analyse von ITIL im Kontext der Forderungen der BSC auf deren Stärken, Schwächen, Chancen und Risiken, so lassen sich in der Schwächen/Risiken-Kombination der SWOT einige Anpassungsbedarfe von ITIL erkennen. Im Kern kristallisieren sich die drei Hauptprobleme „Akzeptanz", „Verschwendung" und „Verbesserung" heraus. Für diese liefert Lean gute Lösungsansätze. Das Problem Akzeptanz kann mit der Sicherstellung der unbedingten Unterstützung des Managements gelöst werden. Die von Lean beschriebenen Verschwendungsarten der Produktion können auf die IT übersetzt und dann gezielt vermieden werden. Für das dritte Problem der „Verbesserung" kann die Einführung eines betrieblichen Vorschlagswesens herangezogen werden. Es zeigt sich also, dass die Lean-Philosophie durchaus zur Verbesserung von ITIL geeignet ist. Wichtig ist jedoch, dass im Gegensatz zum Produktionsband bei Toyota die IT eines Finanzdienstleister nicht das eigentlich wertschöpfende Element ist, sondern im Gesamtbild des Unternehmens eine unterstützende Aufgabe hat. Die Funktionsfähigkeit der IT ist außerdem mit rechtlichen Konsequenzen verbunden. Eine vollständige Übertragung der Lean-Ideen bis hin zum „stehenden Produktionsband", also dem Ausfall der IT bis zur Problemlösung ist in der Praxis nicht umsetzbar sein. Bei der Kommunikation ist die Verschwendungsvermeidung ebenso anwendbar, da sie zielgerichtet, adressatengerecht und so knapp wie möglich gehalten werden soll. Während die Übermittlung der KPIs von der IT an das Management meist verbindlich festgelegt ist oder automatisiert erfolgt, ist eine Rückmeldung des Managements an die IT über den Beitrag der Services bzw. KPIs zum Unternehmenserfolg oder auch Misserfolg nicht selbstverständlich. Daher ist es umso wichtiger, analog zur Einbindung des Business in die IT-Prozesse nun auch die IT in die Business-Prozesse einzubeziehen und ein Verantwortlichkeitsgefühl bei jedem einzelnen Mitarbeiter zu erreichen.

5.2 Operationalisierung mittels Balanced Scorecard

Eine Vision ist der abstrakte Zielzustand, den ein Unternehmen zu einem definierten Zeitpunkt erreicht haben soll. Die Strategie beschreibt Maßnahmen zur Erreichung (Kraus 2004, S. 78). Die Balanced Scorecard (BSC) übersetzt Vision und Strategie eines Unternehmens in konkrete Zwischenziele und Kennzahlen. Sinn und Ziel dieser Konkretisierung ist es einerseits die abstrakte Vision bzw. Strategie in konkrete, operativ verständliche Ziele zu überführen, andererseits sollen die dabei entstehenden Kennzahlen die Mitarbeiter über Erfolgsfaktoren zur Strategieumsetzung informieren (Kaplan and Norton 1997, S. 23–24). Kaplan spricht davon, mit der BSC eine Art Sprache zu schaffen, um die Vision und Strategie des Unternehmens für die Mitarbeiter verständlich zu übersetzen:

> Die BSC schafft einen Rahmen, eine Sprache, um Mission und Strategie zu vermitteln (Kaplan and Norton 1997, S. 23).

Der Zusammenhang zwischen der Ursache-Wirkungs-Beziehung, die der Strategie zugrunde liegt, und den Kennzahlen bzw. Zielgrößen der Balanced Scorecard besteht, ist nicht eindeutig, sondern wird lediglich vermutet (Wall, S. 69). Zur Transformation von

Mission und Strategie des Unternehmens bedient sich die Balanced Scorecard vier verschiedener Perspektiven. Die erste Perspektive ist die Finanzperspektive und beschäftigt sich mit der Frage, welche Strategie die Ertragskraft und den Wert des Unternehmens sichern bzw. steigern würde. Typischerweise werden hier Renditekennzahlen, der Cashflow oder der Return-on-Investment als Messgrößen verwendet. Die zweite Perspektive ist die Kundenperspektive und betrachtet die Kundensicht auf das Unternehmen und die angebotenen Produkte. Hierzu können interne Kennziffern, wie etwa Neukundenquoten, Kundenbindungsquoten oder Beschwerdehäufigkeit genauso herangezogen werden wie Befragungen der Kunden bezüglich Qualität, Produktleistung oder Preis-Leistungs-Empfinden. Die interne Prozessperspektive stellt die dritte Perspektive dar. Hierbei sollen interne Prozesse verbessert und auf die Kundenzufriedenheit ausgerichtet werden. Messwerte sind typischerweise Prozessdurchlaufzeiten, Fehlerquoten oder Prozesskosten. Die vierte und letzte Perspektive ist die Lern- und Wachstumsperspektive, in welcher die Anpassungsfähigkeit und Innovationsfreudigkeit des Unternehmens betrachtet und anhand der Zeitspanne zwischen Entwicklung eines neuen Produktes und dessen Markteinführung („time-to-market"), dem Durchschnittsalter der Produkte, aber auch der Mitarbeiterzufriedenheit und der Wirksamkeit von Weiterbildungsmaßnahmen gemessen werden kann (Kaplan and Norton 1997, S. 24–27). Die BSC beinhaltet keine vorgegebene Sammlung von Kennzahlen, sondern legt Wert darauf, dass die für das jeweilige Unternehmen sinnvollen KPIs auch aus eben diesem Unternehmenskontext heraus entwickelt werden (Kaplan and Norton 1997, S. 42).

Wie eingangs dargestellt, basiert die BSC auf der Vision bzw. Strategie eines Unternehmens. Im Finanzdienstleistungssektor variieren diese stark. Die Deutsche Bank möchte eine kundenorientierte globale Universalbank sein, welche die Kunden in den Mittelpunkt stellt (Bank 2013, S. 1). Die Privatbank Berenberg legt ihren Fokus auf die individuelle Beratung ihrer Kunden in allen (Finanz-)Bereichen (Berenberg: Verantwortungsvolles Handeln 2013, S. 1). Die Hamburger Sparkasse hat erst gar keine Vision veröffentlicht, sondern verweist im Geschäftsbericht lediglich auf deren fortlaufende Weiterentwicklung (Haspa – Geschäftsbericht 2013, S. 6). Aus diesen Informationsquellen eine werthaltige und plausible BSC abzuleiten ist daher kaum möglich. Einen anderen Ansatz bietet die Untersuchung der IT-Trends 2013 von Capgemini, in welcher 168 Unternehmen aus unterschiedlichen Branchen befragt worden sind, welche Anforderungen sie an die IT im Jahr 2013 haben. Diese Umfrageergebnisse beruhen auf den Zielen und Strategien der jeweiligen Unternehmen und lassen sich daher durchaus für eine allgemein gehaltene BSC heranziehen (Capgemini 2013, S. 6–7). Demnach sehen 51,6 % der befragten Unternehmen die Notwendigkeit der Effizienzsteigerung der IT. An zweiter Stelle werden konstant stabil laufende IT-Services erwartet und an dritter Stelle ganz konkret eine Kostensenkung gefordert. Würden diese Top3-Anforderungen zu einer Strategie formuliert, könnte diese wie folgt lauten: „Die Erhöhung der Stabilität unserer Services erreichen wir ebenso wie die Senkung der mit dem Betrieb verbundenen Kosten durch Steigerung der Zuverlässigkeit und Effizienz der vorhandenen Ressourcen." Die Plätze vier bis sechs dieser Umfrage belegen die Wünsche nach der Verbesserung der Geschäftsprozesse, die Unterstützung

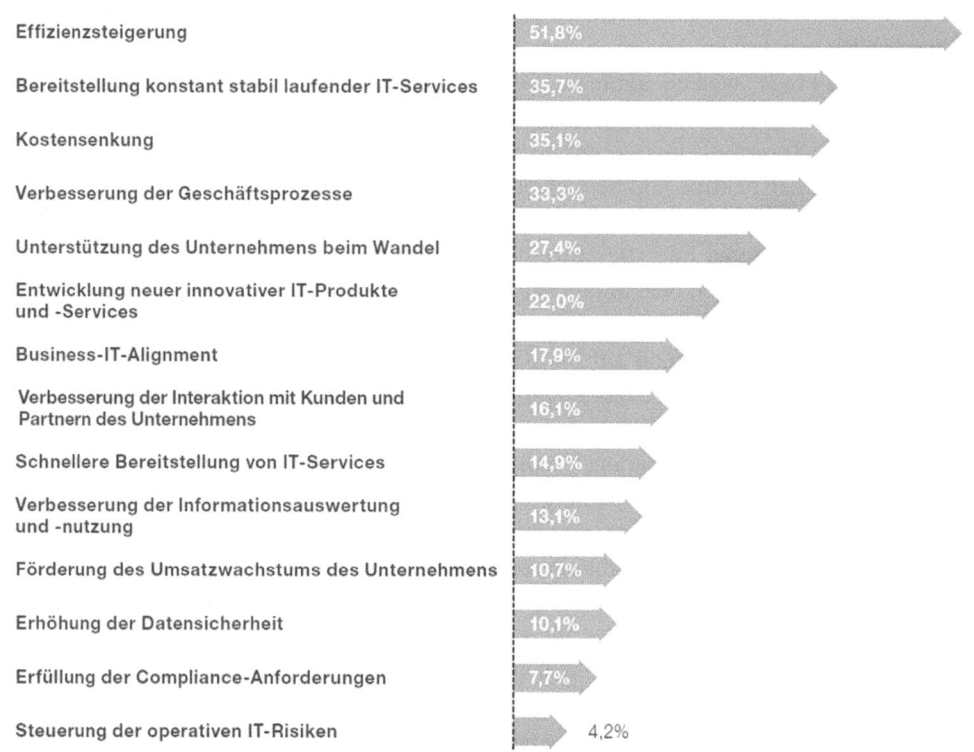

Abb. 5.1 Anforderungen an die IT 2013 (Doppelnennungen möglich). (Quelle: Capgemini 2013, S. 13)

des Unternehmens beim Wandel und die Entwicklung neuer innovativer IT-Produkte und -Services. Würde man diese Anforderung ebenfalls als Strategie formulieren, so könnte diese folgendermaßen lauten: „Der Fokus der IT richtet sich auf die Anforderungen und Bedürfnisse des Unternehmens und der jeweiligen Fachbereiche, indem die IT proaktiv agiert und mögliche zukünftige Anforderungen bereits heute einbezieht." Abbildung 5.1 zeigt die dargestellten Umfrageergebnisse im Überblick.

Diese Top6-Anforderungen decken 22 bis 51,6 % aller Anforderungen an die IT ab und lassen sich auch mit den Visionen der Deutschen Bank und Berenberg in Einklang bringen. Die fiktive Strategie, die der aufzustellenden BSC zugrunde liegen soll, lautet daher:

> Die Erhöhung der Stabilität unserer Services erreichen wir ebenso wie die Senkung der mit dem Betrieb verbundenen Kosten durch Steigerung der Zuverlässigkeit und Effizienz der vorhandenen Ressourcen. Der Fokus der IT richtet sich auf die Anforderungen und Bedürfnisse des Unternehmens und der jeweiligen Fachbereiche, indem die IT proaktiv agiert und mögliche zukünftige Anforderungen bereits heute einbezieht.

Die erste Perspektive der BSC ist die Finanzperspektive. Die Forderung der Strategie nach einer Kostensenkung ist hier eindeutig. Als KPI wäre demnach die Höhe des Budgets in Relation zur Unternehmensgröße, bzw. der Mitarbeiteranzahl anzusehen, also der IT-Kosten pro Arbeitsplatz. Die zweite Perspektive der BSC ist die Kundenperspektive und meint damit sowohl externe, als auch interne Abnehmer der Leistungen. Die Strategie fordert eine klare Ausrichtung der IT an die Anforderungen und Bedürfnisse des Unternehmens, also die bereits häufig erwähnte Forderung nach einem „Business-Enabler". Hier könnten zwei KPIs sinnvoll sein, um sowohl positive und damit in der Berufspraxis der IT eher selten vorzufindende, als auch negative Rückmeldungen aufzunehmen. Daher ist der erste KPI in Form einer Zufriedenheitsumfrage der betroffenen Bereiche, der zweite KPI durch die Beschwerdehäufigkeit ermittelt werden. Die dritte Perspektive ist die interne Prozessperspektive. Die Forderung der Strategie nach Effizienz wird durch KPIs zur Dauer bis zur Lösung einer Störung und zur Ausfallhäufigkeit der einzelnen Services bewertet. Die vierte Perspektive ist die Lern- und Wachstumsperspektive und findet sich in der Forderung der Strategie nach proaktivem und zukunftsorientiertem IT-Management wieder. Ein wirkungsvoller KPI könnte hier die Zeitspanne zwischen Entwicklung eines neuen Produktes und dessen Markteinführung („time-to-market") darstellen. Abbildung 5.2 stellt die aufgestellte BSC übersichtlich dar.

5.3 Gegenüberstellung und Abgrenzung anhand des ITIL Servicelebenszyklus

Die konkreten Anforderungen an die IT sind durch die Zielvorgaben der BSC definiert. Sie lauten „Kostensenkung", „Business-Enabler", „Effizienz" und „proaktiv & zukunftsorientiert". Das Beratungsunternehmen PricewaterhouseCoopers (PwC) untersuchte 2008 Kostensenkungspotenziale in der IT und identifizierte den Standardisierungsgrad als ganzheitliche, optimale Kostensenkung-Methode. Die Kunst, so PwC, sei es jedoch, den optimalen Standardisierungsgrad zu finden, also die Abwägung der zu erzielenden Einsparungen einerseits und die möglichen Auswirkungen auf die Geschäftsprozesse andererseits (PwC 2008, S. 11). PwC nennt auch kurzfristig wirkende Maßnahmen, mit deren Hilfe zehn bis 15 % der IT-Kosten eingespart werden könnten. Hierzu zählen beispielsweise die Reduktion externer Dienstleister bzw. das Neuverhandeln vorhandener Verträge und die Optimierung der IT-Betriebsorganisation (PwC 2008, S. 10). Demnach würde die geforderte Kostensenkung durch Standardisierung und Optimierung der IT-Betriebsorganisation ebenso erfüllt wie das Ziel der Effizienz der internen Prozesse. Es liegt daher nahe, zur Erfüllung der BSC-Ziele ein IT-Management-Framework einzuführen. Aufgrund des ausgeprägten operativen Ansatzes erscheint ITIL dafür, wie bereits in Kapitel 5 dargestellt, am geeignetsten und deckt auch die vier Perspektiven der BSC ab.

Die Finanzperspektive und das damit verbundene Ziel der Kostensenkung lässt sich durch die Optimierung der aktuell erbrachten Services realisieren. Dies beginnt in der Phase der Service Strategy mit der systematischen Erfassung aller aktuell erbrachten Ser-

Abb. 5.2 Übersicht über die erstellte BSC. (Quelle: eigene Darstellung)

vices. Diese werden dann hinsichtlich ihrer Fähigkeit, einen Wertschöpfungsbeitrag zu leisten und ihrer Optimierungs- und Standardisierungspotenziale bewertet. Ein Ergebnis könnte beispielsweise die gemeinsame, unternehmensweite Nutzung einer einzigen Kundendatenbank („Utility") darstellen, deren Inhalt und Zugriffsberechtigungen sich je Fachabteilung unterschiedlich darstellen („Warranty"). Aufgrund des initialen Erfassungsaufwandes werden die IT-Ausgaben kurzfristig ansteigen, außerdem kann dies höhere Anforderungen an die Ausfallsicherheit des Systems und auch ein komplexeres Berechtigungskonzept darstellen. Auf lange Sicht werden aber aufgrund der reduzierten Anzahl von Datenbankanbietern sowohl Kosten als auch Aufwand für Lizenz und Wartung sinken, zusätzlich ist weniger Spezialwissen der Datenbankadministratoren notwendig. Somit können durch Optimierungs- und Standardisierungsmaßnahmen die IT-Betriebskosten gesenkt werden. Bei gleichbleibender Anzahl von Mitarbeitern im Unternehmen werden so die Kosten je IT-Arbeitsplatz, also der für die Finanzperspektive definierte KPI, gesenkt.

Die Kundenperspektive und das damit verbundene Ziel des „Business-Enabler" bedient ITIL dadurch, dass die für die Finanzperspektive erfolgte Bewertung auf Optimierungs- und Standardisierungspotenziale der aktuellen Services nicht allein in den Händen des IT-Managements liegt, sondern vielmehr ein gemeinschaftliches Projekt über das gesamte Unternehmen hinweg darstellt. In Abhängigkeit der Unternehmenskultur kann dies ein sehr aufreibender, anstrengender Prozess sein, der aber durch die Wiederverwendbarkeit der Projektgruppe einerseits und die Beteiligung und Beachtung der Interessen der verschiedenen Unternehmensbereiche andererseits lohnenswert ist. Diese starke Beteiligung der Fachbereiche bzw. Kunden wird mit ITIL in den Phasen Service Strategy und Service Design erreicht, indem, wie in Kapitel 5 beschrieben, die „Utility", also die gewünschte Funktionalität und die „Warranty", also die Erwartungen bezüglich Verfügbarkeit, Kapazität, Kontinuität und Sicherheit abgefragt werden. Dadurch gelingt es bereits in dieser Phase, die IT, wie in der BSC gefordert, als „Busines-Enabler" zu etablieren. Die Kontrolle des Zielerreichungsgrades ist dank der Definition konkreter und messbarer Anforderungen an den Service möglich. Somit lässt sich der zuvor definierte KPI „Kundenzufriedenheit" darstellen. Der zweite KPI „Beschwerdehäufigkeit" kann durch den Service Desk für den jeweiligen Service erfasst werden. Damit wird nicht nur die Erreichung der im Vorfeld und evtl. rein akademisch erstellten Anforderungen, sondern zusätzlich die tatsächlich wahrgenommene und von den Benutzern des Service erlebte Zufriedenheit ermittelt.

Die interne Prozessperspektive der BSC mit dem Ziel der Effizienz wird mittels ITIL in mehreren Bereichen umgesetzt. Die Benutzung von ITIL in einer Umgebung, die vorher ggf. nur punktuelle Managementmethoden verwendete, stellt eine erste wichtige Effizienzsteigerung bei der Inbetriebnahme neuer oder geänderter Services dar. Die strukturierte Vorbereitung in der ITIL-Phase Service Transition dient der Risikoverringerung von Störungen während der Inbetriebnahme und verbessert sich fortlaufend mit steigender Erfahrung. In der ersten Zeit nach Inbetriebnahme eines neuen oder (stark) geänderten Service wird ein Early-Life-Support zur Verfügung gestellt, der nicht nur aus IT-Mitarbeitern besteht, sondern auch direkt Unterstützung aus dem Fachbereich erhält. Der Early-Life-Support dient sowohl der schnellen Lösung unerwarteter Probleme, als auch dem Workaround von in der Testphase erkannten und noch nicht behobenen Fehlern. Der dabei stattfindende Erkenntnis- und Erfahrungsgewinn der Beteiligten und die Dokumentation in Form von Handbüchern und Troubleshooting-Anleitungen wirkt sich positiv auf die Fähigkeit aus, zukünftig auftretende Probleme mit dem Service zu beheben und kann mithilfe des zuvor definierten KPI in Form der Erfassung der Lösungszeit je Störung überwacht werden. Gleichzeitig kann der KPI „Ausfallhäufigkeit" der einzelnen Services durch den Service Desk erfasst werden und gibt damit wichtige Hinweise auf bestehenden Handlungsbedarf.

Die Lern- und Wachstumsperspektive der BSC und das Ziel, ein proaktives und zukunftsorientiertes IT-Management zu bieten, ergänzt die vorherigen Aspekte. Durch regelmäßige Anwendung eines durch die ITIL-Phasen strukturierten Ablaufs bei der Erstellung oder Änderung eines Services gewinnt die IT an Erfahrung. Die einzelnen Arbeitsschritte gehen routinierter vonstatten, aus Fehlern wird gelernt und durch die Dokumentation steht dieser Erfahrungsgewinn allen Mitarbeitern zur Verfügung. Es ist davon auszugehen, dass sich im Laufe der Zeit die Dauer von der Definition bis zur Inbetriebnahme eines Service, also der KPI „time-to-market" verkürzen wird.

Sobald Schwellenwerte für die definierten KPI definiert und im Anschluss auch stabil eingehalten werden können, erwächst erfahrungsgemäß bei allen Beteiligten der Wunsch nach verbesserten Werten. Der ITIL-Servicelebenszyklus wird daher zusätzlich zu den Einzelmaßnahmen innerhalb der einzelnen Phasen von einem separaten, sämtliche Phasen umfassenden, kontinuierlichen Verbesserungsprozess umspannt. Für jeden Service wird ein Fürsprecher zur kontinuierlichen Verbesserung bestimmt. Dieser koordiniert notwendige Anpassungen des Service aufgrund externer oder interner Treiber, wie etwa durch Gesetzesänderungen oder geänderte Anforderungen der Fachabteilungen, und setzt sich auch für mögliche Verbesserungen am jeweiligen Service ein. Der identifizierte Verbesserungsbedarf wird dann in der Phase der Service Strategy bewertet, die Erwartungen an die Verbesserungen festgelegt, im Service Design mit KPIs unterlegt und über die Service Transition in der Service Operation überprüft. Eine solche kontinuierliche Überwachung eines Service unterstützt die Zielerreichung aller durch die BSC definierten KPIs und dient der IT zur Positionierung als proaktiver und zukunftsorientierter Business-Enabler. Tabelle 5.1 stellt die durch die BSC formulierten KPI und die Möglichkeiten, diese mittels ITIL zu verbessern, übersichtlich dar.

5.4 Identifizierung des Anpassungsbedarfs mittels SWOT

Über die grundsätzliche Eignung zur Erfüllung der Forderungen der BSC hinausgehend wird ITIL nun mittels SWOT-Analyse auf mögliche Schwachstellen oder Risiken untersucht. Der Einsatz der SWOT-Analyse (englisches Akronym aus Strengths, Weaknesses, Opportunities, Threats) dient nach Reinbacher nicht nur der Diagnose von Stärken, Schwächen, Chancen und Risiken von Organisationen oder sozialen Systemen, sondern ist ebenso für Pläne oder Produkte geeignet. Ziel der SWOT-Analyse ist die Potenzialbestimmung des Betrachtungsgegenstands in einer bestimmten Umwelt und die Ableitung von Handlungsoptionen (Reinbacher 2009, S. 72). Reinbacher beschreibt die Vorgehensweise der SWOT-Analyse in vier Schritten. In einem ersten Schritt wird der Evaluationsgegenstand abgegrenzt, die Analysedimension definiert und die Methodik gewählt. Der zweite Schritt ist die interne und externe Analyse, welche im dritten Schritt zu einer SWOT-Matrix kombiniert wird. Der vierte und letzte Schritt leitet aus dieser Matrix Handlungsoptionen ab (Reinbacher 2009, S. 73). Der Evaluationsgegenstand ist ITIL und soll hinsichtlich der Eignung zur Zielerreichung der BSC-Vorgaben untersucht werden. Die interne Analysesicht bezieht sich daher auf die Struktur und Prozesse von ITIL, die externe Analysesicht stellt die Integrierbarkeit im Unternehmen und damit letztlich auch die Akzeptanz von

Tab. 5.1 Übersicht Ergebnisse BSC mit KPIs und Zielen. (Quelle: eigene Darstellung)

BSC	KPI	Möglichkeiten, diese Ziele mit ITIL zu erreichen
Finanzperspektive Ziel: Kostensenkung	Höhe des IT-Budgets je Arbeitsplatz	Systematische Erfassung aller Services, Bewertung hinsichtlich Wertschöpfungsbeitrag und Optimierungs- und Standardisierungspotenzial Reduktion von Kosten und Arbeitsaufwand durch Optimierung und Standardisierung, dadurch sinkende Kosten je IT-Arbeitsplatz
Kundenperspektive Ziel: Business-Enabler	(1) Zufriedenheit mit Service (2) Beschwerde-häufigkeit	Hohe Beteiligung des Kunden bzw. der Fachbereiche in den Phasen Service Strategy und Service Design Durch zuvor definierte Anforderungen an den Service kann die Zufriedenheit ermittelt werden. Erfassung der Beschwerdehäufigkeit durch Service Desk
Interne Prozessperspektive Ziel: Effizienz	(1) Lösungszeit je Service (2) Ausfallhäufigkeit der einzelnen Services	Vorbereitung der Inbetriebnahme in Service Transition, Early-Life-Support und Dokumentation bieten Wissens- und Erfahrungsschatz, der die Lösungszeit je Störung verbessert Ausfallhäufigkeit der einzelnen Services kann durch Service Desk erfasst werden
Lern- und Wachstums-perspektive Ziel: proaktiv und zukunftsorientiert	Time-to-market	Verbesserung der Durchlaufzeiten durch regelmäßige Anwendung eines strukturierten Servicelebenszyklus

ITIL dar. Die interne Analyse orientiert sich an den Werten Stärken und Schwächen, die externe an Chancen und Risiken. Zu den Stärken von ITIL gehört es, dass es sich dabei um ein komplettes und in sich schlüssiges Prozessportfolio praxiserprobter Methoden handelt, durch welche eine Effizienzsteigerung und damit einhergehend eine Senkung der IT-Betriebskosten erreicht werden kann. ITIL bietet zudem eine starke Kunden- und Serviceorientierung und verfügt über ein integriertes Qualitäts- und Verbesserungsmanagement. Der Fokus von ITIL liegt auf dem IT-Betrieb und weniger auf den Geschäftsprozessen als solche. Die Prozesse der Service Strategie stellen den IT-Betrieb zwar bewusst technikarm

Tab. 5.2 Interne Analysesicht auf ITIL mittels SWOT. (Quelle: eigene Darstellung)

Ziel der BSC	Interne Analysesicht von ITIL	
	Stärken	Schwächen
Kostensenkung	ITIL ist eine praxiserprobte Sammlung aus Best-Practices mit nachweislichen Erfolgen bei der Kostensenkung	ITIL ist stark auf den IT-Betrieb ausgerichtet und geht kaum auf die nicht-technische Managementsicht ein
Business-Enabler	ITIL hat eine starke Kunden- und Serviceorientierung	ITIL ist aufgrund vorgegebener Abläufe und Dokumentationspflichten sehr formalistisch. Dilemma des Standardisierungsgrades
Effizienz	ITIL bietet ein komplettes, in sich schlüssiges Prozessportfolio für alle Phasen des Servicelebenszyklus mit vorgegebenen Abläufen	ITIL bietet keine konkreten Umsetzungsszenarien für das eigene Unternehmen und kann für kleine und mittlere Unternehmen überdimensionierte Prozesse beinhalten. Dilemma der Komplexitätsreduktion
Proaktiv & zukunftsorientiert	ITIL hat ein integriertes Qualitäts- und Verbesserungsmanagement	ITIL ist auf den Input der Fachabteilungen angewiesen

als Blackbox gegenüber dem Business dar, die Abbildung der nicht–technischen Managementsicht fällt mit ITIL dennoch schwer. Daher sind die ITIL-Prozesse stets auf den fachlichen Input der anderen Geschäftsbereiche angewiesen, um Anpassungsbedarfe von Geschäftsprozessen zu erkennen. Der eigentliche Vorteil von ITIL, ein fertiges, universelles Prozessportfolio anzubieten, bedeutet in der Realität gerade bei kleineren Unternehmen sowohl potenziell überdimensionierte Abläufe, als auch arbeitsintensive Umsetzungsszenarien. Da die Unternehmen, die derlei Überlegungen erstmalig anstellen, normalerweise noch keine Erfahrung mit ITIL haben, ist dies aus eigener Kraft schwierig und muss daher oftmals mit externem Knowhow unterstützt werden. ITIL ist aufgrund der vorgegebenen Abläufe sehr formalistisch und die Prozessorientierung bedeutet oft ausgeprägte Dokumentationspflichten. Eine weitere Schwierigkeit liegt oft in der Frage nach dem optimalen Standardisierungsgrad und der effektiven Komplexitätsreduktion.

Tabelle 5.2 fasst die Ergebnisse der internen Analysesicht übersichtlich zusammen:

Die Chancen, wenn ITIL in einem Unternehmen mit geringer Prozessreife in der IT eingeführt werden soll, sind enorm. Durch die Identifizierung der Einzelleistungen der IT können die damit verbunden Kosten konkreten Prozessen oder Produkten zugeordnet und (IT-)Gemeinkosten teilweise in Stückkosten überführt werden. Dies kann für ein Zusammenwachsen von IT und Business förderlich sein, da sowohl der Anteil der IT an der Wertschöpfungskette sichtbar wird, als auch die Wünsche und Bedürfnisse des Business in der

IT Beachtung finden. Es kann darüber hinaus eine gemeinsame Servicekultur entstehen, in welcher die IT bereits frühzeitig den Prozessüberlegungen des Business beratend zur Seite stehen kann. Der Einführungsaufwand in einer historisch gewachsenen, chaotischen Umgebung kann durch die bereits vorgegebenen Strukturen von ITIL reduziert werden, da die einzelnen Komponenten eines Servicelebenszyklus nicht mühsam selbst entwickelt werden müssen. Gleichzeitig stellt diese Chance aber auch ein großes Risiko dar. Oft funktioniert die IT in unstrukturierten Umgebungen nach dem „Hey, Joe!"-Prinzip. Aufträge an die IT werden durch Zuruf und ohne nähere Spezifikationen erteilt. Der angesprochene IT-Mitarbeiter ist dabei nicht zwangsläufig der thematisch richtige Ansprechpartner, sondern wird vom Auftraggeber aufgrund seiner Freundlichkeit oder der vorherigen, gemeinsamen (Arbeits-) Vergangenheit favorisiert. Der Prozess ist zwar im höchsten Maße ineffizient, für die Prozessbeteiligten aber durchaus zielführend. Daher ist es nachvollziehbar, dass gerade in der Anfangszeit versucht werden wird, den formalen Prozess, den ITIL vorgibt, zu umgehen. Gelingt dies, besteht die Gefahr der Nachahmung und diese führt den ursprünglich eingeführten ITIL-Prozess ad absurdum. Gleichzeitig wird es unmöglich, Optimierungspotenziale der jeweiligen Prozesse zu erkennen, wenn diese blind und verständnisfrei befolgt werden. Dieser negative Effekt kann noch stärker auftreten, wenn die Einführung von ITIL halbherzig, also ohne echte Unterstützung des Management, und pauschal, also ohne eine differenzierte Analyse der tatsächlich genutzten Prozesse und die Erwartungshaltung an die Änderungen durch ITIL, durchgeführt wird.

Tabelle 5.3 fasst die Ergebnisse der externen Analysesicht übersichtlich zusammen.

Anhand der nun gewonnen Bewertungen werden diese zu einer „SWOT-Matrix" kombiniert. In dieser Matrix werden die bislang isoliert betrachteten internen, also auf die Strukturen und Prozesse von ITIL bezogenen, und externen, also auf die Integrierbarkeit und Akzeptanz im Unternehmen bezogenen Analysedaten, gegenübergestellt. Da in dieser Arbeit gezielt nach Verbesserungspotenzialen in ITIL gesucht wird, kann auf die Kombination von Stärken und Chancen an dieser Stelle verzichtet werden. Auch die Kombinationen Stärken/Risiken und Schwächen/Chancen enthalten keine Antworten auf das Verbesserungspotenzial von ITIL. Im Bereich Stärken/Risiken bedient man sich gezielt ITIL, um externen Risiken zu begegnen. Bei Schwächen/Chancen werden Chancen des Business genutzt, um Schwächen von ITIL abzumildern. In beiden Kombinationen würden nur die vorhandenen Möglichkeiten herangezogen, eine darüber hinaus gehende Nutzung neuer Lösungsansätze ist nicht vorgesehen. Lediglich die Kombination Schwächen/Risiken bietet keine Lösungen an und ist daher für die Fragestellung zur möglichen Anreicherung von ITIL durch Lean geeignet. Bei der Betrachtung dieses Szenarios im Bereich des Ziels der Kostensenkung kann es zu einer ständigen Umgehung der ITIL-Abläufe aufgrund mangelnden Verständnisses der nicht-technischen Bereiche kommen. Die gewünschten Einsparungen aufgrund effizienter Prozessabläufe sind damit nicht realisierbar und somit amortisiert sich auch nicht die Umsetzungsinvestition der ITIL-Einführung. Überdimensionierte Prozesse mit unübersichtlichen Ausnahme- und Sondersituationen in der Prozesslandschaft können dieses Szenario zusätzlich verschärfen. Alternativ werden zwar die Prozesse eingehalten, dies aber ebenfalls sinn- und verstandsfrei, sodass Opti-

Tab. 5.3 Externe Analysesicht auf ITIL mittels SWOT. (Quelle: eigene Darstellung)

Ziel der BSC	Externe Analysesicht von ITIL	
	Chancen	Risiken
Kostensenkung	Einzelleistungen der IT können Prozessen zugeordnet und (IT-)Gemeinkosten in Stückkosten überführt werden	Häufige Umgehung der ITIL-Abläufe kann einen Schneeballeffekt verursachen und zu einer deutlichen Erhöhung der Prozesskosten führen
Business-Enabler	IT und Business wachsen zusammen, da Bedürfnisse des Business ebenso beachtet werden, wie der Anteil der IT an der Wertschöpfungskette des Unternehmens	Umsetzung von ITIL nur mit (vollständiger) Unterstützung durch das Management (nebst Fachabteilungen) möglich
Effizienz	ITIL kann einer chaotischen, historisch gewachsenen Umgebung eine Struktur verleihen. Strukturen sind in ITIL vorgegeben und müssen nicht erst mühsam erarbeitet werden	Widerstände der Mitarbeiter führen zu Umgehungsversuchen effizienter Prozesse. Durch blindes, verständnisfreies Befolgen der Regelwerke bleiben Optimierungspotenziale ungenutzt
Proaktiv & zukunftsorientiert	Schaffung einer gemeinsamen Servicekultur unter frühzeitiger Einbindung der IT	Undifferenzierte, pauschale Einführung von ITIL-Prozessen verhindert Weiterentwicklung durch die Mitarbeiter

mierungsvorschläge der eigenen Mitarbeiter ausbleiben. Fehlt die (vollständige) Unterstützung des Managements oder der Input der Fachabteilungen, etwa in Form von konkreten Anforderungen oder Verbesserungswünschen, kann auch weder Akzeptanz durch die Mitarbeiter, noch die Unterstützung des Business erreicht werden. Tabelle 5.4 fasst die Gegenüberstellung übersichtlich zusammen.

Das Eintreffen der beschriebenen Risiken, deren negative Wirkung durch die Schwäche von ITIL noch verstärkt wird, kann die erfolgreiche Verwendung von ITIL nachhaltig gefährden. Daher wird nachfolgend erarbeitet, wie ITIL durch die Anreicherung mit der Lean-Philosophie auf diese Wertepaar-Kombination reagieren kann.

5.5 Verschmelzung der Modelle

Bei genauer Betrachtung der Ergebnisse der Risiken-Schwächen-Analyse der SWOT-Matrix fällt auf, dass sich bestimmte Warnhinweise wiederholen. So gibt es das Problem der Akzeptanz. Fehlende Unterstützung aus dem Management und der Mitarbeiter können die Einführung einer effizienteren IT verhindern. Als nächstes Problem zeigen sich überdimensionierte, zum Teil sehr formalistische Abläufe, die unter Umständen häufig umgan-

Tab. 5.4 Gegenüberstellung des Wertepaares "Risiken-Schwächen" in einer SWOT-Matrix. (Quelle: eigene Darstellung)

	Schwächen
Risiken	Ziel „Kostensenkung"
	Ständige Umgehung der ITIL-Abläufe aufgrund mangelnden Verständnisses der nicht-technischen Bereiche erzeugt höhere Prozesskosten
	Ziel „Business-Enabler"
	Durch fehlende Unterstützung des Managements und sehr formalistische Abläufe entsteht keine Kundennähe. Dilemma des Standardisierungsgrades
	Ziel „Effizienz"
	Überdimensionierte, durch häufige Umgehung zusätzlich ineffiziente Prozesse mit unübersichtlichen Ausnahme- und Sondersituationen in der Prozesslandschaft
	Ziel „proaktiv & zukunftsorientiert"
	Fehlendes Verständnis der Mitarbeiter für die Prozesse verhindert Verbesserungen. Fehlender Input der Fachabteilungen, etwa in Form von konkreten Anforderungen oder Verbesserungswünschen, verhindert Unterstützung des Business

gen werden. Prozesse oder Arbeitsschritte, die zu groß oder kompliziert sind, stellen eine Verschwendung von Arbeitsenergie dar und behindern die Effizienz. Als letztes großes Problem ist eine unzureichende Fähigkeit zur ständigen Verbesserung anzusehen. Falls Verbesserungsvorschläge und Input ausbleiben, ist eine Entwicklung der Prozesse nicht möglich. Für alle drei Probleme „Fehlen von Akzeptanz", „Verschwendung" und „Fehlende Verbesserung" lassen sich Lösungen aus der Lean-Philosophie ableiten. Abbildung 5.3 visualisiert diese Problembereiche in Bezug auf die Ergebnisse der SWOT-Analyse:

Das Problem „Akzeptanz" lässt sich aufteilen in die fehlende Unterstützung des Managements und fehlende Unterstützung der Mitarbeiter, sowohl aus IT, den Fachbereichen, als auch den letztlichen Anwendern eines Prozesses. Toyota hatte anfänglich das gleiche Problem. Die Arbeiter hatten große Bedenken bzgl. der Bedienung mehrerer, unterschiedlicher Maschinen und vielen Managern dürfte die vorbehaltlose Unterstützung eines stehenden Produktionsbandes sicherlich schwer gefallen sein. Ōno hatte aber den immensen Vorteil, dass seine Versuche in dieser Richtung vorbehaltlos vom Management unterstützt wurden. Ohne diese Unterstützung wären seine Ansätze im Keim erstickt worden und die zu diesem Zeitpunkt allgegenwärtige Meinung, sein Konzept sei unmöglich umsetzbar, wäre zur selbsterfüllenden Prophezeiung geworden. Obwohl Toyota die Fähigkeiten von

Abb. 5.3 Problembereiche aus der SWOT-Analyse. (Quelle: eigene Darstellung)

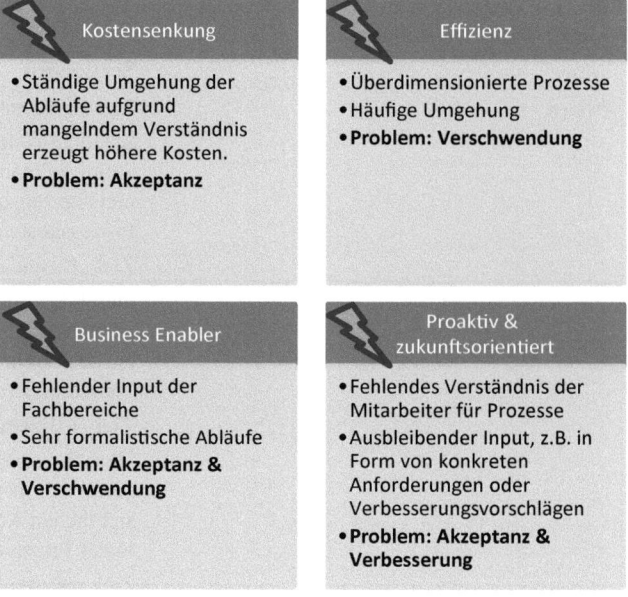

Lean nachhaltig unter Beweis stellen konnte, attestierte die Öffentlichkeit nach der Untersuchung des MIT in den neunziger Jahren ebenfalls die Unmöglichkeit der Anwendbarkeit dieses Modells auf die jeweilige Branche, Firma oder Nation. Nachdem diverse Unternehmen in anderen Ländern oder Branchen ihre Produktion erfolgreich „Lean" machen konnten, blieb die Unmöglichkeit der Übertragung auf andere, nicht produzierende Branchen bestehen, obwohl Wildemann zwischenzeitlich ebenfalls andere Ergebnisse liefern konnte. Alle diese Bemühungen können analog der Situation bei Toyota nur dann gelingen, wenn das Management klar und vorbehaltlos die Umsetzung von ITIL unterstützt. Sobald die Umsetzung gelungen ist und die Verbesserungen erkennbar sind, wachsen Verständnis und Unterstützung bei den Mitarbeitern. Die Lösung für das Problem der Akzeptanz nach Lean ist es demnach, noch vor Einführung von ITIL die Unterstützung des Managements zu sichern.

Das Problem „Verschwendung" bezieht sich auf das Risiko, überdimensionierte und stark formalistische ITIL-Prozesse einzuführen, die zum einen ineffizient wären, zum anderen zu mangelnder Akzeptanz und fehlendem Verständnis der Mitarbeiter führen würden. Daher ist es für die gewünschte Erreichung der Effizienz-Vorgabe der BSC wichtig, bei der Umsetzung der ITIL-Prozessvorgaben umsichtig vorzugehen und ständig auf schlanke Prozesse zu achten. Dies kann dadurch erreicht werden, dass zum einen bestehende, funktionierende Prozesse nicht unbegründet durch die ITIL-Implementierung abgewandelt und somit möglicherweise verschlechtert werden. Zum anderen hilft die Suche und Identifizierung von Verschwendung auch bei der ITIL-Implementierung schlanke Prozesse zu erzeugen. Die Verschwendungsarten von Lean sind dabei ebenso auf die IT übersetzbar und genau wie bei Lean unbedingt zu vermeiden. Kundu et al.

5.5 Verschmelzung der Modelle

Tab. 5.5 Gegenüberstellung der sieben Verschwendungsarten von Ōno und Kundu. (Quelle: eigene Darstellung)

Ōno	Kundu
Überproduktion	Duplizierung von Informationen oder Aktivitäten, wie beispielsweise die erneute Eingabe von bereits vorhandenen Daten Wiederholung von Aktivitäten, etwa durch Übergabe begonnenen Problemanalysen an Kollegen ohne Analyseergebnisse
Überflüssige Bewegung	Suche nach Informationen oder Dokumenten, deren exakter Aufbewahrungsort unbekannt ist
Wartezeit	Warten auf Informationen (z. B. vom Anwender oder von anderen IT-Bereichen) oder Nichtverfügbarkeit von Tools oder Systemen
Transporte	Übergabe von Aufgaben, Informationen, Daten, Dokumenten, Formularen etc. an einen Kollegen, eine Arbeitsgruppe oder eine andere Organisationseinheit
Überbearbeitung	Tätigkeiten, die aus Sicht des Kunden keinen zusätzlichen Mehrwert erzeugen, wie beispielsweise das Schreiben von Serviceberichten für das interne Reporting
Hohe Materialstände	Ressourcen, die überwiegend nicht ausgelastet sind (z. B. Reserve-PCs oder nicht ausgelastete Server)
Nacharbeit oder Ausschuss	Fehlerhafte oder unvollständige Informationen, ineffektive Kommunikation. Wiederholte Lösung desselben, wiederkehrenden Problems

übertrugen 2011 die sieben Arten der Verschwendung von Toyota auf die Erbringung von IT-Services. Die Überproduktion sehen sie in der Duplizierung von eigentlich bereits vorliegenden Daten. Dies geschieht beispielsweise, wenn bereits elektronisch vorliegende Daten für die Nutzung in einem anderen System entweder erneut manuell erfasst oder in ein anderes Format konvertiert werden müssen. Eine weitere Form ist die (unnötige) Wiederholung bestimmter Arbeitsschritte, wenn beispielsweise ein IT-Mitarbeiter mit einer Problemanalyse beginnt und diese dann ohne weitere Analyseergebnisse an einen Kollegen weitergibt. Dieser Kollege muss dann einen Teil der Arbeit des ersten Kollegen wiederholen. Verschwendung durch überflüssige Bewegungen ist aus ihrer Sicht die Suche nach Informationen oder Dokumenten, deren exakter Aufbewahrungsort nicht bekannt ist. Die Wartezeit in der Produktion ist quasi identisch mit dem IT-Betrieb und meint das Warten des IT-Mitarbeiters auf Informationen des Anwenders (zum Beispiel genaue Fehlerbeschreibung) oder das Warten auf nicht verfügbare Anwendungen. Die Übergabe von Aufgaben, Informationen, Daten, Dokumenten, Formularen etc. an einen Kollegen, eine Arbeitsgruppe oder eine andere Organisationseinheit gleicht der Verschwendung durch

Transporte. Überbearbeitung in der IT meint Tätigkeiten, die aus Kundensicht keinen zusätzlichen Mehrwert erzeugen, wie etwa das Schreiben von Serviceberichten für das interne Reporting. Der Anteil, der aufgrund von Compliance-Vorgaben erfolgt, ist dabei zwar nicht-wertschöpfende Arbeit, aber keine Verschwendung. Hohe Materialstände sieht Kundu in Ressourcen, die überwiegend nicht ausgelastet sind (zum Beispiel Reserve-PCs oder nicht ausgelastete Server). Verschwendung durch Nacharbeit oder Ausschuss lässt sich in der IT als fehlerhafte oder unvollständige Informationen ansehen, deren Korrektur oder Nachfrage als Verschwendung anzusehen ist. Ebenso zählt zu dieser Verschwendungsart die wiederholte Lösung desselben, wiederkehrenden Problems (Kundu 2011, S. 85–88). Tabelle 5.5 zeigt die Verschwendungsarten von Ōno und die Entsprechung im IT-Betrieb durch Kundu.

Die Lösung für das Problem „Verschwendung" ist es also, Verschwendungsarten zu erkennen und die Prozesse so anzupassen, dass sie verhindert werden.

Das Problem „Verbesserung" entsteht durch mangelnden Input aller Mitarbeiter über deren Wünsche oder Verbesserungsvorschläge. Zur Verringerung dieses Risikos ist es daher notwendig, regelmäßiges Feedback aller Beteiligten einzufordern. ITIL beantwortet dieses Problem durch die Einführung eines CSI-Managers für jeden Prozess, der als Verantwortlicher für den Prozess mögliche Probleme erkennt und Verbesserungen veranlasst. Der CSI-Manager kann dabei sowohl aus der IT als auch aus dem Fachbereich stammen. Der Fokus liegt dabei allerdings auf Änderungen der Rahmenbedingungen, seien es externe Änderungen wie Gesetze oder Wettbewerb oder interne Änderungen wie Organisationsstrukturen oder Kapazitätsengpässe. Ein regelmäßiges Feedback der am Prozess beteiligte Mitarbeiter ist bei ITIL jedoch nicht vorgesehen. Dabei können die unterschiedlichen Problemperspektiven der IT-Mitarbeiter, der Fachbereiche und der restlichen Anwender besonders hilfreich sein, sich ein vollständiges Bild zu machen. Diese sind regelmäßig mit dem Prozess beschäftigt und analog dem Arbeiter bei Toyota am besten in der Lage, Verschwendung und andere Probleme zu erkennen, sowie Verbesserungsvorschläge zu machen. Durch die wiederkehrende Beschäftigung mit dem Prozess werden die Mitarbeiter in diesen einbezogen und entwickeln ein Gefühl der Verantwortlichkeit. Die Aufgabe des CSI-Managers könnte es dann sein, für „seinen" Prozess regelmäßig bei allen Beteiligten Verbesserungsvorschläge einzuholen, sowie die internen und externen Faktoren im Auge zu behalten. Er sammelt die Informationen, gibt diese an seinen IT-Ansprechpartner, den Change-Manager, weiter und setzt sich auch für deren Umsetzung ein. Je nach Größe des Betriebs und Anzahl der verwendeten Prozesse kann auf den CSI-Manager aber auch verzichtet werden, seine Aufgaben wären dann direkt in der IT, das heißt dem Change-Manager angesiedelt. Der Change-Manager sammelt zentral alle Vorschläge, bzw. Problemmeldungen, egal ob von CSI-Managern oder von anderen Mitarbeitern, und entscheidet entweder, auf welche Art die Umsetzung stattfinden soll, also im Kontext der normalen CSI-Prozesse oder als Notfallmaßnahme, oder begründet die Ablehnung des Anpassungswunsches. In jedem Fall arbeitet er eng mit den jeweiligen Mitarbeitern zusammen und sorgt stets für eine Rückmeldung an den Vorschlagenden, was mit dem Vorschlag passiert ist und welche Auswirkungen dieser hatte. Dieses Vorgehen bindet sowohl die Mitarbeiter als auch die Fachbereiche mit ein und sorgt dadurch für eine hohe Akzeptanz und letztlich auch für ein besseres Verständnis der ITIL-Abläufe. Somit ist die Lösung des Problems „Verbesserung" die Etablierung eines Vorschlagswesens, bei dem regelmäßig Feedback aller am Prozess Beteiligter eingefordert wird. Die durch ITIL vorgesehenen CSI-Manager werden entweder beibehalten und durch einen Change-Manager in der IT erweitert, oder aber durch den Change-Manager ersetzt.

Zusätzlich zu den aus der SWOT-Analyse erkannten Problemen drängt sich bei Beschäftigung mit dem Thema Lean-IT allerdings ein weiteres Problem auf. Lean fordert, dass bei auftretenden Problemen im Zweifelsfall die komplette Produktion gestoppt wird. Die Idee dahinter ist, dass durch eine umgehende, vollständige Lösung des Problems die entstehenden Kosten durch den Produktionsstopp geringer sind, als wenn durch Notlösungen eine längerfristig ineffiziente und evtl. fehlerbehaftete Produktion in Kauf genommen wird. Diese Ansicht kann nicht undifferenziert auf die IT übertragen werden. Die Ideen von Lean bezogen sich vor allem auf den Kern von Toyota, die Produktion von Fahrzeugen. Die IT ist zwar, wie in Kap. 4 gezeigt, für den Finanzdienstleistungssektor enorm wichtig, stellt jedoch nicht das eigentliche Produkt, bzw. die Dienstleistung her. Die IT ist wichtiger Bestandteil der Wertschöpfungskette, jedoch in Form von Unterstützungsleistungen. Daher wird im Gegensatz zum Anhalten des Produktionsbandes bei Toyota kaum jemand Verständnis für die Abschaltung der (kompletten) IT während der Arbeitszeit aufbringen. Neben dem mangelnden Verständnis hat ein Ausfall im IT-Bereich für die Finanzdienstleister noch weiterreichende Folgen. Das Ausbleiben von bestimmten Aktionen kann erhebliche Konsequenzen nach sich ziehen. So ist beispielsweise die Bundesanstalt für Finanzdienstleistungsaufsicht (BaFin) berechtigt, die Übermittlung spezieller Daten zu fordern. Die Termine für die Datenübermittlung sind dabei nicht verschiebbar. Kommt ein Finanzdienstleister diesen melderechtlichen Auflagen nicht nach, kann das aufwendige Prüfungen nach sich ziehen, im äußersten Fall ist die BaFin berechtigt, den Vorstand zu entlassen, Teile des Bankgeschäfts zu verbieten oder den Betrieb ganz zu schließen. In Anbetracht dieser Rahmenbedingungen ist es entgegen der Lean-Philosophie durchaus berechtigt, die Ausfallzeiten im Tagesgeschäft mittels temporärer Lösungen und der kurzzeitigen Behebung von Symptomen so gering wie möglich zu halten. Eine nachhaltige Problemlösung ist dann entweder im Nachgang und außerhalb der Geschäftszeiten zu erarbeiten oder alternativ das Problem auf einem Testsystem nachzustellen und zu lösen. Die gefundene Lösung kann dann, den ITIL-Prozessen folgend, in das produktive System eingespielt werden. Abbildung 5.4 zeigt die erarbeiteten Lösungsansätze in der Übersicht.

Es wurde bei Lean und ITIL unabhängig voneinander erkannt, wie wichtig zielgerichtete Kommunikation ist. Während bei Lean im weiteren Verlauf seiner Entwicklung ein Übermaß von Informationen ebenso als Verschwendung angesehen wird, wie Informationen zum falschen Zeitpunkt, soll sich nach ITIL weniger um die Vermeidung unnötiger Informationen bemüht werden, sondern viel mehr um die ausreichende Informationsweitergabe an die Prozessbeteiligten. Hierzu wird bei ITIL in der Prozessdefinition nicht nur Verantwortlichkeiten festgelegt, sondern auch der Kreis der Informationsempfänger. Dabei ist der von ITIL definierte Empfängerkreis als Minimum zu verstehen und das Be-

Problem: Akzeptanz • Unbedingte Unterstützung des Managements sicherstellen	**Problem: Verschwendung** • Beim Einführen von ITIL auf schlanke Prozesse achten • Verhinderung von Verschwendung auf ITIL adaptieren
Problem: Verbesserung • Regelmäßiges Feedback aller Beteiligten • Change-Manager sammelt Vorschläge und entscheidet Maßnahmen • Enge Kooperation mit CSI-Managern und Rückmeldung an Vorschlagenden	**Übergreifend:** • IT ist nicht das zentrale Wertschöpfungselement, sondern Support • Grenzen beachten • Kommunikation in beide Richtungen sicherstellen

Abb. 5.4 Übersicht Lösungsansätze aus Lean. (Quelle: eigene Darstellung)

streben von Lean, unnötige Informationen zu vermeiden, als Maximum. Die ideale Kommunikation bewegt sich daher zwischen diesen Grenzen. Ziel ist es also, mindestens alle direkt Betroffenen (im Sinne von ITIL) mit den minimal notwendigen Informationen (im Sinne von Lean) zu versorgen. In der aktuellen IT- und Kommunikationslandschaft ist es daher notwendig, nicht nur den Kreis der Ansprechpartner zu definieren, sondern auch das Informationsmedium. Aushänge oder Rundschreiben gibt es meist nur noch elektronisch in Form eines Intranets, die direkte, nonverbale Kommunikation erfolgt meist per Email. Durch die Verfügbarkeit moderner Telefonanlagen und firmeninterner Kommunikationskanäle (Chat, Email, Intranet für spezielle Bereiche, Intranet für alle etc.) ist eine durchdachte Kommunikationsstrategie überhaupt erst möglich und dadurch auch notwendig. Die vorgenannte Kommunikation bezieht sich meist auf Informationen der IT an die Prozessbeteiligten. In der umgekehrten Richtung, also von den Prozessbeteiligten oder dem Management an die IT ist eine zielgerichtete Kommunikation ebenso notwendig. Je weiter sich der Servicelebenszyklus zum eigentlichen Tagesbetrieb bewegt, desto weniger sind die Auswirkungen auf das gesamte Unternehmen für die IT monetär bewertbar. Während zwar auf der Managementebene die Wertschöpfung eines Service mittels KPIs laufend überwacht werden kann, gelingt dies im eigentlichen IT-Betrieb nur noch rudimentär. Die Informationsweitergabe vom IT-Betrieb an das Management läuft mittels KPIs weitgehend automatisch, in der umgekehrten Richtung ist jedoch bewusstes Informationsmanagement notwendig. Gelingt dies, kann ein Zusammengehörigkeitsgefühl der IT zum Unternehmen ebenso erzielt werden, wie die (Mit-)Verantwortlichkeit jedes einzelnen IT-Mitarbeiters an Erfolgen und Misserfolgen. Konnte dieses Verantwortlichkeitsgefühl erzeugt werden und sind die Mitarbeiter in die kontinuierlichen Verbesserungsprozesse eingebunden, so kann durch ein betriebliches Vorschlagswesen zusätzliches Optimierungspotenzial erzeugt werden.

Literatur

Bank, D. (2013). Deutsche Bank – Vision und Marke. von https://www.deutsche-bank.de/de/content/company/vision_und_marke.htm. Zugegriffen: 01 Sept. 2013.

Berenberg: Verantwortungsvolles Handeln. (2013). von http://www.berenberg.de/verantwortungsvolles-handeln.html. Zugegriffen 01 Sept. 2013.

Capgemini. (2013). IT-Trends-Studie 2013 | Resource. von http://www.de.capgemini.com/ressourcen/it-trends-studie-2013. Zugegriffen 01 Sept. 2013.

Haspa – Geschäftsbericht. (2013). von http://www.haspa.de/Haspa/DieHaspa/DasUnternehmen/Geschaeftsbericht/Geschaeftsbericht.html. Zugegriffen 01 Sept. 2013.

Kaplan, R. S., & Norton, D. P. (1997). *Balanced scorecard: Strategien erfolgreich umsetzen. Handelsblatt-Reihe*. Stuttgart: Schäffer-Poeschel.

Kraus, G., Becker-Kolle, C., & Fischer, T. (2004). *Handbuch Change-Management: Steuerung von Veränderungsprozessen in Organisationen, Einflussfaktoren und Beteiligte, Konzepte, Instrumente und Methoden* (1. Aufl). Berlin: Cornelsen.

Kundu, G., Manoher, B.,& Bairi, J. (2011). IT support service: Identification and categorisation of wastes. *International Journal of Value Chain Management, 5,* 68–91.

PwC. (2008). IT-Kosten- und Wertmanagement. http://www.pwc.de/de/prozessoptimierung/assets/Studie-IT-Kosten-Wertmanagement.pdf. Zugegriffen 09. Sept. 2013.

Reinbacher, P. (2009). SWOT-Analyse: Der Klassiker für Fortgeschrittene. *Organisationsentwicklung, 28*(3), 72–76.

Wall, F. (2001). Ursache-Wirkungsbeziehungen als ein zentraler Bestandteil der Balanced Scorecard: Möglichkeiten und Grenzen Ihrer Gewinnung. Controlling, (13. Aufl.). 64–74.

Fazit 6

ITIL bietet der IT ein umfassendes, anpassbares Framework, das in der Praxis erprobt ist und entsprechende Erfolge nachweisen kann. Gerade in gewachsenen Strukturen, wenn die Abläufe der IT jeweils situativ entstanden sind, bietet die Einführung von ITIL ein enormes Potenzial. Dennoch ist es der Herkunft von ITIL geschuldet, dass bei einer starken Fokussierung auf den IT-Betrieb das Verständnis für die übrigen Unternehmensbereiche und deren Abläufe zu kurz kommen kann. Während also ITIL als gemeinsames Ziel für die IT-Mitarbeiter die Unterstützung des Business vorgibt und auch vorlebt, geht Lean den entscheidenden Schritt weiter. Bei Lean ist das gemeinsame Ziel sämtlicher Mitarbeiter der Unternehmenserfolg, also nicht nur deren technische Unterstützung. Daher ist es sinnvoll, ITIL gezielt mit Lean anzureichern. Die Anreicherung von ITIL durch Lean bleibt dabei aber immer nur eine unvollständige Einführung der Lean-Philosophie, da ITIL als Grundgerüst bestehen und größtenteils unangetastet bleibt. Die BSC und die SWOT zeigen Probleme auf, die mit Lean gelöst werden können. Darüber hinaus bietet Lean aber noch weitere Verbesserungsmöglichkeiten von ITIL. Die Sichtbarmachung von Produktionsproblemen bei Lean, zum Beispiel durch die andon-Tafel, gibt es in dieser Form bei ITIL ebenso wenig, wie die Anwendung eines kanban-Systems, also die bedarfsorientierte Zurverfügungstellung von (personellen) Ressourcen, auf beispielsweise den Bereich der Softwareentwicklung. Auch die Idee von Lean, das Produkt nicht auf die reine Mutmaßung eines Absatzmarktes zu produzieren, sondern aufgrund mehr oder minder konkreter Bestellungen, öffnet weitere, interessante Themengebiete. Dabei ist jedoch die tatsächliche Bedeutung der IT im Unternehmen zu beachten und diese stets als Unterstützung und nicht als primäres Element der Wertschöpfung zu verstehen. Anders formuliert ist es mancher IT-Abteilung geraten, Demut zu üben und sich den Bedürfnissen des Business unterzuordnen. Die Größe des IT-Budgets oder die bloße Anzahl der IT-Mitarbeiter spiegelt dabei nicht zwangsweise deren Gewichtung im Unternehmenskontext dar. Versteht sich die IT jedoch als Partner und Unterstützer, so kann sie dem gesamten Unternehmen den entscheidenden Wettbewerbsvorteil verschaffen und sich als Zugpferd etablieren. Charmanter Nebeneffekt wäre dann, dass die lange von der IT geforderte Einbeziehung in Unternehmensentscheidungen dabei beinahe automatisch Wirklichkeit werden würde. Gleichzeitig sorgt die aktive Einbeziehung der Mitarbeiter aus den Nicht-IT-Bereichen in die Prozessverbesserungen zu wachsendem Vertrauen und einem „Wir-Gefühl", welches seinerseits wiederum weitere Verbesserungen oder Anpassungen vereinfacht. Die klassische „win-win-situation" entsteht.

Als Abschluss dieser Ausführungen soll ein Zitat von Ōno dienen, welches keiner näheren Erläuterung bedarf:

Bei der Entwicklung des Toyota-Produktionssystems habe ich häufig gegen die Prinzipien des sogenannten gesunden Menschenverstandes verstoßen und so eine Lösung gefunden. Ich rate allen Managern, Meistern, Vorarbeitern und Arbeitern in der Fertigung, in ihrem Denken flexibel zu werden. Nur so werden sie den Anforderungen von morgen gerecht werden können. (Ōno 1993, S. 144)

Zusammenfassung 7

Die Bedeutung der IT unterliegt seit ihren Anfängen in den 60er Jahren einem stetigen Wandel. Der Wunsch nach neuester Technik ist der Notwendigkeit zur Kostensenkung gewichen. Dabei stellt die IT der Finanzdienstleister eine Besonderheit dar, da sie zusätzlich zur Unterstützung des Business auch regulatorische Auflagen zum Beispiel durch den Gesetzgeber in Form von Dokumentationen und Genehmigungsprozessen erfüllen muss. Eine Möglichkeit zur Kostensenkung der IT-Betriebskosten ist die Steigerung der Effizienz der IT. Dazu dienen Management-Frameworks. Derzeitiger De-facto-Standard ist ITIL. Auch andere Industriezweige haben Methoden zur Effizienzsteigerung entwickelt. Im produzierenden Gewerbe findet sich das ursprünglich als Toyota Produktionssystem entwickelte Lean-Management. Ziel dieser Arbeit ist es, Schwächen in ITIL zu analysieren und für diese Lösungsansätze aus Lean zu finden.

Der derzeitige De-facto-Standard der IT-Management-Frameworks ITIL teilt den Lebenszyklus eines Prozesses in vier Service-Bereiche auf. In ihnen wird der gesamte Kreislauf von der Entwicklung bis zur Inbetriebnahme und Aufrechterhaltung eines Prozesses beschrieben und dabei Arbeitsabläufe, Zuständigkeiten und Dokumentationen definiert. Zusätzlich enthält ITIL einen kontinuierlichen Verbesserungsprozess, der Änderungen der Rahmenbedingungen erkennen und eine Anpassung des Prozesses veranlassen soll. Die Zielsetzung von Lean ist eine Verschlankung von Produktionsprozessen. Die Grundlage von Lean ist die konsequente Vermeidung von Verschwendung. Zur Identifizierung von Verschwendung dienen einerseits nachhaltige Lösungen, die im Zweifel auch einen Stillstand der Produktion bedeuten können, andererseits die Mithilfe der Arbeiter. Diese werden in den Prozess der kontinuierlichen Verbesserung einbezogen und dadurch sowohl eine Erhöhung der Motivation, als auch signifikante Prozessoptimierungen erreicht, da sich jeder Arbeiter für die Qualität des Produktes und das Wohlergehen des Unternehmens verantwortlich fühlt. Eine Weiterentwicklung von Lean für den Finanzsektor existiert bisher nur in theoretischen Ansätzen oder im Kontext von Fallstudien.

Im nächsten Schritt dieser Arbeit werden mittels Balanced Scorecard die Ziele für den Finanzdienstleistungssektor ermittelt. Diese lauten für die vier Perspektiven der BSC: Kostensenkung (Finanzperspektive), Business-Enabler (Kundenperspektive), Effizienz (Interne Prozessperspektive) und proaktiv und zukunftsorientiert (Lern- und Wachstumsperspektive). Diese Ziele sind mit ITIL grundsätzlich zu erreichen. Sie werden im Anschluss mittels SWOT-Analyse auf Schwächen untersucht. Werden die erkannten Schwächen genauer betrachtet, so kristallisieren sich die drei Hauptprobleme „Akzeptanz", „Verschwendung" und „Verbesserung" heraus. Für diese liefert Lean gute Lösungsansätze. Das Problem Akzeptanz kann mit der Sicherstellung der unbedingten Unterstützung des Managements gelöst werden. Die von Lean beschriebenen Verschwendungsarten der Produktion können auf die IT übersetzt und dann gezielt vermieden werden. Für das dritte Problem der „Verbesserung" kann die Einführung eines betrieblichen Vorschlagswesens herangezogen werden. Es zeigt sich also, dass die Lean-Philosophie durchaus zur Verbesserung von ITIL geeignet ist. Dabei sind die genannten Lösungsvorschläge nur erste Ansätze, die bei Erfolg durchaus weiterentwickelt werden können.

Anhang: Exkurs zur möglichen Umstellung der Prozesse in der Organisationsabteilung nach ITILv3

8.1 Ausgangssituation

Die Abteilung Organisation ist die drittgrößte Abteilung des betrachteten Unternehmens mit insgesamt 201 Mitarbeitern. Dies entspricht einem Anteil von rund 14 %, welche sich bei den hochgerechneten Personalkosten ebenso wiederspiegelt.

Die Ausgaben der Abteilung Organisation hatten im Jahr 2011 ohne Personalkosten einen Anteil von rund 41 % an den sonstigen Verwaltungskosten lt. Geschäftsberichtes. Der größte Kostenblock mit rund 1,3 Mio. € ist das Outsourcing und entspricht circa 70 % des Gesamtbudgets der Organisationabteilung im Jahr 2011.

Die Prozesslandschaft in den drei Organisationseinheiten der Abteilung Organisation ist heterogen und stark historisch gewachsen. Dadurch sind Diskrepanzen zwischen Entscheidungsbefugnissen und Entscheidungsbefähigungen, aber auch zwischen den Schnittstellen untereinander entstanden. So obliegt es beispielsweise dem Anwender, sich bei Problemen oder Aufträgen an den jeweils richtigen Mitarbeiter der Organisationsabteilung zu wenden, bzw. sich zu diesem durchzufragen. Hat der Anwender den richtigen Ansprechpartner gefunden und ihm sein Problem erläutert, muss der Anwender danach den formalen Beauftragungs- oder Genehmigungsprozess initiieren. Die Einbindung von Entscheidungsträgern ist für den Anwender dabei ebenso undurchsichtig, wie die Suche nach dem richtigen Ansprechpartner. Manchmal ist es der eigene Abteilungsleiter, manchmal die Abteilungsleitung der Organisationsabteilung und manchmal ist ein Vorstandsbeschluss notwendig. Insgesamt ist der Anteil der bereits im Vorfeld definierten und damit genehmigten Änderungen gering. Abbildung 8.1 veranschaulicht die bisherige Struktur.

Die gesamte Prozesskette ist für den Anwender unübersichtlich. Verschärft wird die Situation zusätzlich dadurch, dass Prozesswiederholungen teilweise unterschiedliche Ergebnisse erzielen und damit für den Anwender Frust und Mehrarbeit bedeutet. Zwar ließe sich

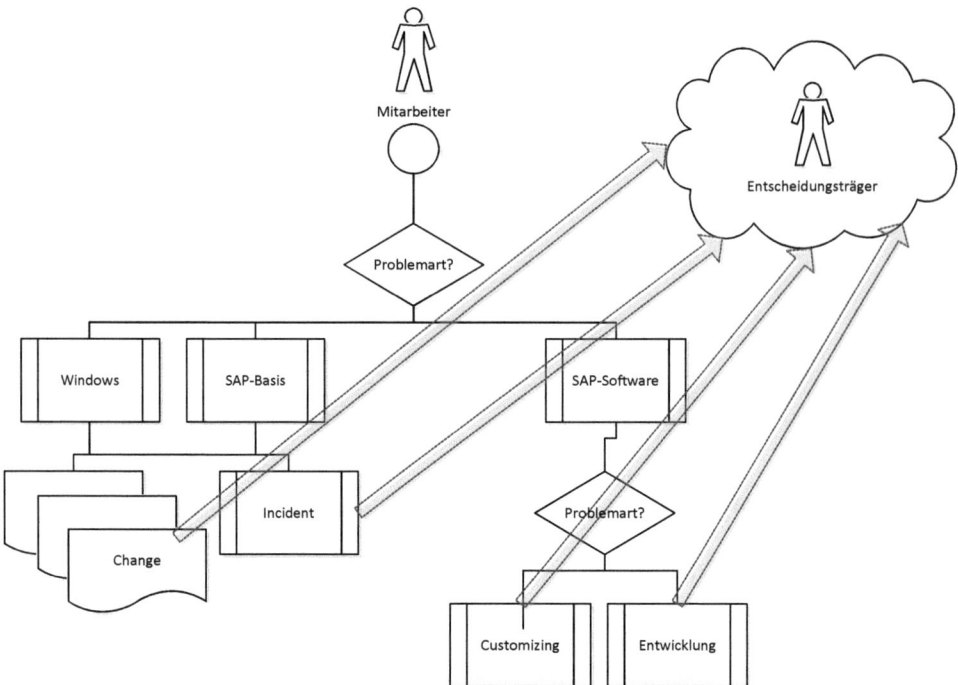

Abb. 8.1 Organisationsstruktur

die Prozesseffizienz durch punktuelle Verbesserungen erhöhen, durch die heterogene Prozesslandschaft wäre der damit verbundene Aufwand und Zeitbedarf aber nicht zu rechtfertigen. Vielmehr ist durch gezieltes Reengineering mit dem Fokus auf die Business-, bzw. Anwendersicht deutlich schneller mit einer signifikanten Effizienzsteigerung zu rechnen.

8.2 Zielszenario

In Kap. 5 werden die etablierten Frameworks miteinander verglichen, die Bedeutung von ITIL für den operativen Betrieb verdeutlicht und die Funktionsweise dargestellt. ITIL stellt den derzeitigen De-facto-Standard unter den Managementframeworks dar und ist weltweit etabliert. Es ist eine Sammlung von Best Practices für Management und Erbringung von IT-Services inkl. zugehöriger Komponenten, Prozesse und Personen. ITIL beschreibt den kompletten Lebenszyklus eines Service. ITIL betrachtet immer die „Services", also die Dienstleistung der IT. Sie sieht die IT als Dienstleister, der diese „Services" einem internen oder externen Kunden erbringt. Diese Services umfassen dabei nicht nur den fertigen Prozess oder die fertige Funktion, sondern vielmehr den kompletten Lebenszyklus einer Dienstleistung. Bei der Etablierung von ITIL ist es aber wichtig, die Kultur und Größe des Unternehmens zu beachten (siehe analog Kap. 7, bzw. konkret 7.4). Durch die

Anwendung der LEAN-Aspekte (Kap. 6) kann die Gefahr, ein überdimensioniertes und bürokratisiertes Framework zu schaffen, deutlich reduziert werden.

Erfolgskritische Faktoren sind, wie in Abschn. 7.3 dargestellt, darüber hinaus die ganzheitliche, OE-übergreifende Einführung und die Unterstützung durch das Management. Die Überprüfung der vorhandenen Prozesse und deren Optimierung nach ITIL und LEAN ist ein Prozess über mehrere Jahre. Daher sollte eine schrittweise Umsetzung geprüft und die Unterstützung des Hauses durch die Erzielung von schnell sichtbaren Erfolgen (sogenannte „Quick-Wins") gesichert werden. Wie bereits dargestellt ist die Ausrichtung der IT an den Bedürfnissen des Business entscheidend für die Wertschöpfung der IT. Im Umkehrschluss ist die Beteiligung des Business an IT-Prozessen unerlässlich. Diese Einbeziehung kann relativ einfach durch die Restrukturierung des Change-Managements und eine Anforderungsdefinition an die IT durch das Management, etwa durch eine Balanced-Scorecard (kurz: BSC; siehe Abschn. 7.1), erreicht werden. Die BSC übersetzt Vision und Strategie eines Unternehmens in konkrete Zwischenziele und Kennzahlen. Sinn und Ziel dieser Konkretisierung ist es die abstrakte Vision bzw. Strategie in konkrete, operativ verständliche Ziele zu überführen.

8.2.1 Etablierung eines zentralen Change-Managers

Elementarer Bestandteil ist hierbei die Etablierung eines zentralen Change-Managers, der für das komplette IT-Changemanagement verantwortlich ist. In dieser Funktion nimmt der IT-Changemanager die Anforderungen des Prozessowners aus dem Fachbereiche entgegen, sammelt alle notwendigen Informationen (zum Beispiel aus Kapazitätsplanungen, Wiederherstellungspläne) und klärt Rahmenbedingungen, wie etwa die Finanzierung oder die Verantwortlichkeiten (zum Beispiel mittels RACI = Matrix zu Responsible (Durchführungsverantwortung), Accountable (Kostenverantwortung), Consulted (Fachverantwortung) und Informed (Informationsrecht)), ab. Gleichzeitig hat der IT-Changemanager den Vorsitz über das Change-Advisory-Board, in welchem alle anstehenden Changes priorisiert und auf ihre Auswirkungen auf andere Bereiche besprochen werden. Wenn alle notwendigen Informationen vorliegen, übergibt, bzw. beauftragt der IT-Changemanager die Umsetzung. Der IT-Changemanager kann bei der Definition eines neuen oder geänderten IT-Service durch einen Service-Design-Manager unterstützt werden, der eine vollständige Beschreibung des Service (sogenanntes Service-Design-Package) erstellt. Abbildung 8.2 zeigt die Funktion des IT-Change-Managers schematisch.

8.2.2 Etablierung eines zentralen ServiceDesk

Eine zweite Möglichkeit eines „Quick-Wins" stellt die Zentralisierung der Incidenterfassung und somit die Schaffung eines zentralen ServiceDesk dar. In der Initialisierungsphase ändert sich die Aufgabenbearbeitung in der Innenwirkung nicht; in der Außenwirkung

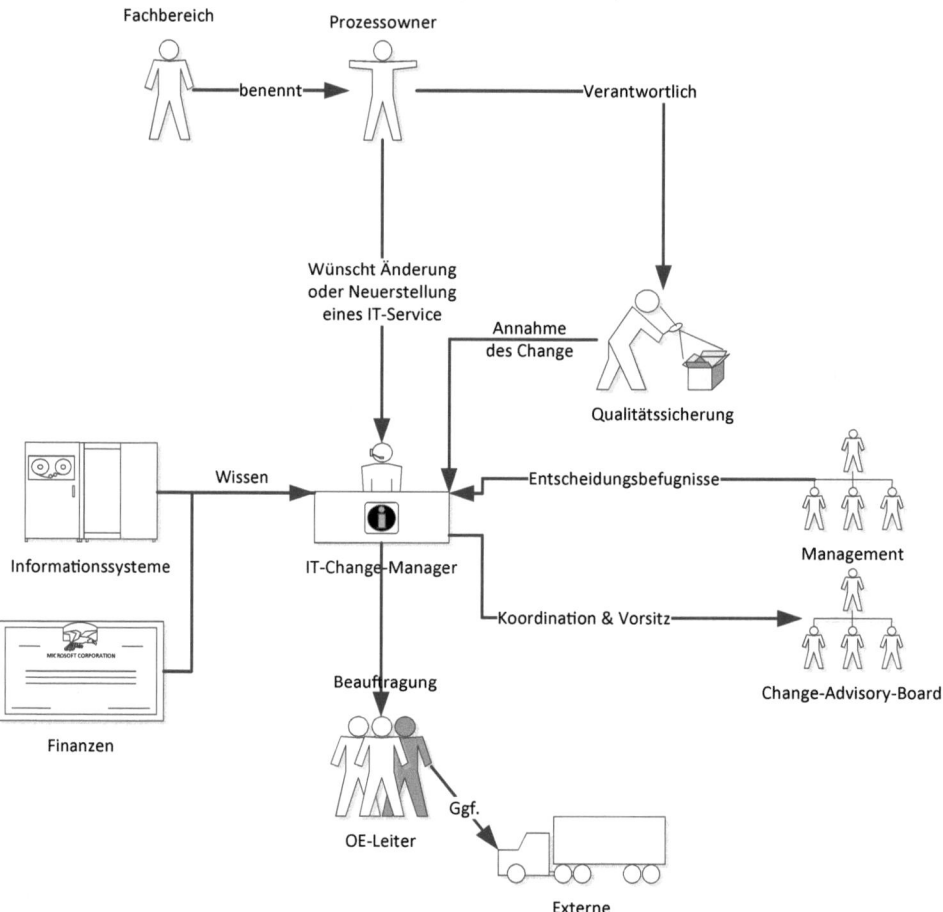

Abb. 8.2 Funktion des IT-Change-Managers

wird der zentrale ServiceDesk zum alleinigen Erstansprechpartner. Im zweiten Schritt werden die Mitarbeiter des ServiceDesk sukzessive durch Schulungen und den Aufbau einer Known-Error-Database befähigt, einen Großteil der Anfragen direkt zu lösen. Dies entlastet einerseits den 2nd-Level-Support spürbar und hebt die historisch bedingte kulturelle Unterteilung der Anwendungslandschaft auf. Im dritten Schritt ist es dann durch das Problem-Management möglich, wiederkehrende Fehler und permanente Workarounds nachhaltig zu lösen. Abbildung 8.3 skizziert einerseits den Workflow, anderseits zeigt sie die enge Zusammenarbeit mit dem IT-Changemanagement.

8.2 Zielszenario

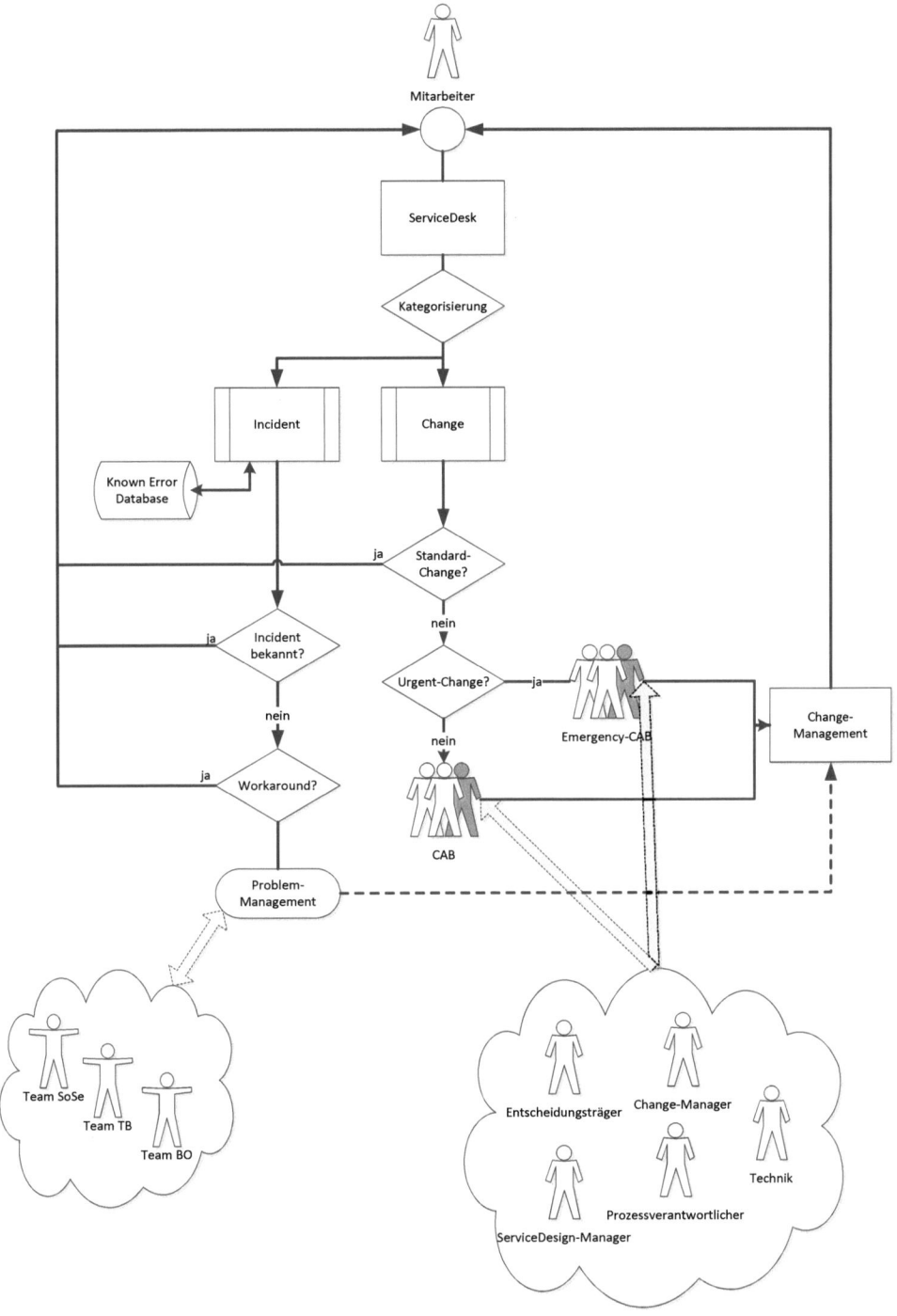

Abb. 8.3 Workflow und Zusammenarbeit mit dem IT-Changemanagement

8.2.3 Fazit

Unterstellt man die Übertragbarkeit der Restrukturierungsprojekte von Wildemann (S. 74), so ergibt sich für die Organisationsabteilung ein theoretisches Einsparpotenzial von 350.000 bis 500.000 € pro Jahr. Durch die Standardisierung und Optimierung der Prozesse werden diese nicht nur stabiler, sondern binden weniger Zeit, bzw. Mitarbeiter. Die dadurch frei werdenden Kapazitäten können für gezieltes Insourcing genutzt werden, was bei einem 70 % Anteil der Outsourcingkosten am Gesamtbudget der Organisationsabteilung ein zusätzliches, signifikantes Einsparpotenzial bedeutet. Ein strukturiertes, abteilungsübergreifendes Framework bildet darüber hinaus nicht nur die Basis für effektive Prozessoptimierung, sondern letztlich auch für fundierte make-or-buy-Entscheidungen im Kontext der Insourcing-Überlegungen.

Sachverzeichnis

A
Akzeptanz, 64, 74, 75
Andon-Tafeln, 49
Arbeitstempo, 43
Ausschuss, 48

B
Balanced Scorecard, 3, 63, 64, 86
Basel II, 15
Bundesanstalt für Finanzdienstleistungsaufsicht (BaFin), 79
Business-Enabler, 9, 10, 59, 67, 86

C
Capability Maturity Model Integration (CMMI), 19, 20, 23, 26
Central information officer (CIO), 8
CMMI Siehe Capability Maturity Model Integration, 19
CObIT Siehe Control Objectives for Information and Related Technology, 19
Compliance, 13, 14, 15
Continual Service Improvement (CSI), 20, 32
CSI-Prozess, 32
Control Objectives for Information and Related Technology (CObIT), 19, 21, 23, 24, 26
Cost-income-ratio, 12
Cowboy-Management, 56

D
Dean Management, 56

E
Early-Life-Support, 69
Effizienz, 67, 75

F
Fehler, 50, 52
Finanzdienstleistungsbranche, 60
Finanzdienstleistungssektor, 1, 58, 65
Finanzmarktrichtlinie-Umsetzungsgesetz, 13
Finanzperspektive, 67
Fixkosten, 37
Floating point operations per second (FLOPS), 6
Fokussierung, 58
Fonds für allgemeine Bankrisiken, 1
Framework, 26, 83, 88
Führungshierarchie, 57

H
Hey, Joe!-Prinzip, 16, 73
High IT spender, 12

I
Information Systems Audit and Control Association, 21
Investitionen, 9
ISO
  20000, 22
ISO 20000, 19, 21, 23
IT-Budget, 5, 9, 10
IT-Governance, 21

ITIL, 19, 21, 22, 23, 26, 27, 70, 72, 73, 76, 78, 79, 83, 85, 88
  Konzept, 2
IT-Investitionen, 9
IT-Kosten, 10
IT-Management-Frameworks, 85

J
Jidoka, 40
Just-in-Time, 36

K
kanban, 37, 42
Key Performance Indicator (KPI), 32
Kommunikation, 79, 80
Komplexität, 6
Kostenreduktion, 1
Kostensenkung, 67, 86
Kundenperspektive, 69
Kundenzufriedenheit, 69

L
Lagerkosten, 47
Lean, 2, 54
Lean Administrator, 54
Lean IT, 63
Lean Manufactoring, 43
Lean-Philosophie, 64, 83
Lean Reorganization, 56

M
Managementframework, 19
Markets in Financial Instruments Directive, 13
Markteinführung, 65, 67
Marktwert, 5
Material, 47
Mean Management, 56
Milkrun, 45
Mobilfunksektor, 5

O
Operational Level Agreement, 20
Organisation, 87
Organisationsabteilung, 92

P
Personalcomputer, 7
Poka-Yoke, 50
Produktionsfaktoren, 5
Produktivitätsparadoxon-Debatte, 9, 12
Prozessperspektive, 69

Q
Qualitätsorientierung, 59
Quick-Wins, 89

R
Rechenzentren, 10
Reengineering-Projekte, 58
Rüstzeiten, 44

S
Sarbanes Oxley Act, 13
Service Catalogue, 28
Service Design, 20, 28, 29
Service Level Agreements (SLA), 12
Service Operation, 20, 31
Service Portfolio Katalog, 27
Service Strategy, 27
Service Transition, 29
SMART, 45
SMED, 45
Standard-Arbeitsabläufe, 50
Standardisierung, 50
SWOT-Analyse, 4, 63, 70, 75, 86

T
Toyota Produktionssystem, 36, 38
Toyota Produktionssystem (TPS), 35
Transportweg, 45
Transportwege, 45

U
Überproduktion, 41
Utility, 27, 68

V
Verbesserung, 64, 78, 79

Sachverzeichnis

Verbesserungsvorschläge, 78
Verbraucherschutz, 13
Verschwendung, 51, 58, 64, 76, 78
Vier-bis-sechs-Augen-Prüfung, 58
Vorschläge, 52

W
Warranty, 27, 68
Workflow-Management-System, 10

MIX
Papier aus verantwortungsvollen Quellen
Paper from responsible sources
FSC® C105338

If you have any concerns about our products,
you can contact us on
ProductSafety@springernature.com

In case Publisher is established outside the EU,
the EU authorized representative is:
**Springer Nature Customer Service Center GmbH
Europaplatz 3, 69115 Heidelberg, Germany**

Printed by Libri Plureos GmbH
in Hamburg, Germany